闽南师范大学学术著作出版专项经费资助

U0615861

中国财政公共卫生支出绩效研究

江 鸿◎著

 经济管理出版社
ECONOMY & MANAGEMENT PUBLISHING HOUSE

图书在版编目（CIP）数据

中国财政公共卫生支出绩效研究／江鸿著. —北京：经济管理出版社，2022.4

ISBN 978-7-5096-8405-4

Ⅰ. ①中… Ⅱ. ①江… Ⅲ. ①公共卫生—财政支出—研究—中国 Ⅳ. ①F812.45

中国版本图书馆 CIP 数据核字（2022）第 066456 号

组稿编辑：张馨予

责任编辑：张馨予 亢文琴

责任印制：黄章平

责任校对：董杉珊

出版发行：经济管理出版社

（北京市海淀区北蜂窝 8 号中雅大厦 A 座 11 层 100038）

网　　址：www. E-mp. com. cn

电　　话：（010）51915602

印　　刷：北京晨旭印刷厂

经　　销：新华书店

开　　本：720mm×1000mm /16

印　　张：14.5

字　　数：187 千字

版　　次：2022 年 6 月第 1 版 2022 年 6 月第 1 次印刷

书　　号：ISBN 978-7-5096-8405-4

定　　价：98.00 元

·版权所有 翻印必究·

凡购本社图书，如有印装错误，由本社发行部负责调换。

联系地址：北京市海淀区北蜂窝 8 号中雅大厦 11 层

电话：（010）68022974 邮编：100038

前　言

　　2008 年，因美国次贷危机引发的金融风暴致使世界金融系统产生了巨大的震荡，使全球经济进入衰退期。2009 年，世界卫生组织提出："全球经济衰退可能影响到卫生和社会支出，尤其是发展中国家。目前世界面临的挑战是防止经济危机演变为社会和卫生危机。"在这样的背景下，各个国家纷纷进行医疗卫生体制改革。经历了 2003 年"非典型肺炎"（简称"非典"）等几次突发性公共卫生事件，面对严峻的国际与国内形势，学者们开始审视并总结当前我国公共卫生领域存在的问题：规模不足、结构不合理、绩效不高、分布不平衡。同时，老百姓看病难、看病贵的社会问题凸显。为了解决这些问题，2009 年 4 月，国家出台了《中共中央　国务院关于深化医药卫生体制改革的意见》（简称"新医改"），并在之后的"十二五"规划和"十三五"规划中多次强调医药卫生体制改革的重要性。2016 年，全国财政医疗卫生支出预算安排 12363 亿元，用于"促进基本公共卫生服务均等化"等五个方面的改革。同年，全国卫生与健康大会再次强调："没有全民健康，就没有全面小康。要把人民健康放在优先发展的战略地位，加快推进健康中国建设。"

　　可见，新医改后国家在公共医疗卫生领域出台了多项政策，采取了许多积极的措施，公共卫生支出也日渐增加。那么，新医改后我国财政公共卫生支出的现状究竟怎样？其整体规模和结构安排是否合理？其规模的增长是否能带来绩效的改善？哪些因素对财政公共卫生支出的绩效产生了影响？公共卫生支出作为财政支出的一个重要组成部分，政府又应该如何进行科学的决策？正是在这样的背景之下，笔者带着对以上问题的思考，展开本书的研究。

以往很多研究文献都表达出这样一个观点：加大财政投入是解决公共卫生支出问题的主要手段，但他们往往忽略了"低效投入带来的危害比投入不足可能更大"（王俊，2007）。因此，对财政公共卫生支出绩效的研究显得尤为重要。

本书首先以提高财政公共卫生支出绩效为主线，系统地考察分析了我国财政公共卫生支出的规模和结构，发现了当前我国财政公共卫生支出存在的主要问题，引出了对我国财政公共卫生支出进行绩效评价的重要性。其次，研究了我国财政公共卫生支出的区域差距问题，对我国财政公共卫生支出重新进行了科学的区域划分，并对我国财政公共卫生支出进行了全国、区域间与区域内的总体绩效评价。再次，对财政公共卫生支出绩效进行维度分析，进一步测算出各个绩效维度指标的大小。最后，分析了影响财政公共卫生支出绩效的因素及借鉴学习国外的经验，力图对我国财政公共卫生支出绩效提出优化建议。本书主要贡献有以下三点：

第一，对我国财政公共卫生支出进行科学的区域划分。以往我国对财政公共卫生支出区域差距的分析，主要以经济基础为划分依据，将我国各省份划分为东部、中部和西部，研究结果一致认为三类地区的财政公共卫生支出存在不均衡现象，其中东部地区较高，而中部、西部地区较低。按照东、中、西部的划分方法研究我国的财政公共卫生支出问题有利有弊：它在一定程度上有利于对我国财政公共卫生支出的公平性问题进行研究并制定相关政策，但这样的地区划分更多的是基于各地区经济发展状况及地域分布特点，并没有充分考虑到地区间的公共卫生支出特点，缺少针对性。本书采用单指标面板数据的聚类分析，以人均公共卫生支出的高低为依据对中国 31 个省（自治区、直辖市）进行了区域划分，将我国各省份重新划分为财政公共卫生支出高、中、低支出三类区域，打破了我国以往简单地以经济基础为依据的东中西的划分格局，有利于相关部门有针对性地进行政策制定与财政支持，有效分配公共卫生资源。同时，为了验证经济因素的重要性，本书通过增加人均国内生产总值（GDP）指标，将我国各省份重新划分为四类区域（公共卫生支出和经济发展水平双高地区、公共卫生支出较低而经济发展水平较高地区、公共卫生支出较高而经济发展水平较低地区、公共卫生支出和经济发展水平双低地区）。聚类结果表明，区域支出水平与经济发展水平不完全吻合。基于分析的可行性考虑，本书各章节的区域划分均采用单指标面板数据聚类分析的结果。

第二，对我国财政公共卫生支出绩效进行总体评价。以往文献多采用DEA模型测度财政公共卫生支出绩效，但均没有很好地区分财政公共卫生支出、卫生资源与经济社会效益的关系，这不利于财政公共卫生支出绩效的核算。财政公共卫生支出首先影响卫生资源的改善，卫生资源有了良好的改善后，进而产生经济社会效益。所以，要计算财政公共卫生支出绩效，必须厘清这层关系，将投入产出的关系分为两个阶段，即第一阶段是卫生资源的改善、第二阶段是经济社会效益的产生。本书创新性地尝试构建序列型两阶段DEA模型，较为准确地计算出了全国、省域及区域的财政公共卫生支出绩效情况，并得出政府对公共卫生的投入与所产生的经济社会效益并非都是正相关的结论。此外，为了与以往的研究进行对比，本书也运用同样的方法对我国的东部、中部和西部进行了分析。论证结果表明，我国区域差距存在，但东部除了卫生资源改善效率和经济社会效益产生效率最高外，公共卫生支出效率远低于中部和西部。这与以往学者的结论——支出效率东部最高、中西部较低——有所不同。

第三，进一步对我国财政公共卫生支出的绩效进行维度分析。在绩效维度研究方面，以往大多运用"3E"的绩效评价体系分析某省份的财政公共卫生支出绩效情况，但财政公共卫生支出的公平性评价也是非常重要的。本书引入公平性指标，根据经济性、效率性、效益性和公平性"4E"评价准则，利用构建的基础类指标（投入、产出、结果和影响），通过层次分析法计算指标权重，构建中国财政公共卫生支出的"4E"绩效评价体系，这样的绩效评价体系更为科学、全面。

本书的研究结论表明：虽然我国政府投入了大量资金，财政公共卫生支出也已粗具规模，但仍显不足；区域不均衡现象存在但正逐年缩小；总体绩效不足但正稳步上升；绩效各维度指标仍有较大提升空间；经济因素为我国财政公共卫生支出的主要影响因素。

根据上述研究结论，借鉴国外经验，并结合我国的具体国情，本书提出了优化我国财政公共卫生支出绩效的建议，以期为新医改的背景下财政公共卫生支出投入政策制定提供参考。这些建议主要有三条：一是建立有效的绩效预算管理模式；二是提供公共卫生支出绩效的制度支持；三是强化公共卫生支出绩效的配套举措。

目　录

第一章

导论

一、选题背景及意义

（一）选题背景

中华人民共和国成立以来，党和政府克服重重困难，在经济发展水平不高的条件下，重点做好预防为主的基本公共卫生服务工作，创造了独特的"中国模式"，取得国际认可，1978 年世界卫生组织给予中国"用最低廉的成本保护了世界上最多人口的健康"的高度评价。同期第 30 届世界卫生大会提出，"健康是一项基本人权""2000 年人人享有卫生保健"。改革开放以后，我国致力于社会主义市场经济建设，积极融入世界经济体系和经济全球化的浪潮之中。四十多年来，国家经济保持持续快速增长，人民的生活水平和社会发展水平得到大幅提升，但是在公共卫生领域由于缺乏足够的重视，公共卫生服务体系与人民日益增长的卫生需求之间的矛盾日益积累并暴露出来。"2000 年，人人享有卫生保健"的目标未得到实现，中国反而成为"世界卫生公共资源分配最不公平、分布最不平衡的国家之一"。2005 年，国务院发展研究中心提出"我国的医改基本不成功"的结论。2006 年，因美国次贷危机引发的金融风暴致使全球经济进入一个整体的慢节奏，对世界金融系统产生了极大的震荡。2009 年，世界卫生组织提出："目前世界面临的挑战是防止经济危机演变为社会和卫生危机。"① 各国政府高度重视，纷纷进行医疗卫生体制改革：美国签署"实现全民医保"的医疗保险改革法案，日本实施"增加个人负担比例"的国家医疗保险制度改革，俄罗斯推行"医疗优先"的新医改……

经历了 2003 年"非典"等几次突发性公共卫生事件后的中国政府，痛定思痛，于 2009 年也出台了《中共中央　国务院关于深化医药卫生体制改革的意见》（以下简称"新医改"），"新医改"摈弃了之前改革过度市场化的做法，明确了政府在提供公共卫生和基本医疗服务中的主导地位，并投入 8500 亿元支持公共卫生服务体系等五项改革。2011 年，中国卫生部明确提出"十二五"时期卫生发展总体目标②，切实增加对公共卫生的投入，保证公共卫生这一公共产品供给的主体责任。2013 年，党的十八届三中全会提出："财政是国家治理的基础和重要支柱，科学的财税体制是优化资源配置、维护市场统一、促进社会公平、实现国家长治久安的制度保障。""要实现发展成果更多更公平惠及全体人民，必须加快社会事业改革，解决好人民最关心最直接最现实的利益问题，努力为社会提供多样化服务，更好满足人民需求。要……深化医药卫生体制改革。"③ 党的十八届三中全会明确提出，国家将通过优化财政资源配置，深化医药卫生体制改革，以满足人民群众的现实需求。2015 年，党的十八届五中全会通过了《中共中央关于制定国民经济和社会发展第十三个五年规划的建议》，"十三五"规划强调"坚持共享发展，着力增进人民福祉，推进健康中国建设"，再次强调要"深化医药卫生体制改革，理顺药品价格，实行医疗、医保、医药联动，推进医药分开，实行分级治疗，建立覆盖城乡的基本医

---

① 参见世界卫生组织 2009 年高级别协商会议报告《金融危机和全球卫生》。
② 参见《中共中央关于制定国民经济和社会发展第十二个五年规划的建议》，2010 年中国共产党第十七届中央委员会第五次全体会议通过。
③ 参见《中共中央关于全面深化改革若干重大问题的决定》，2013 年中国共产党第十八届中央委员会第三次全体会议通过。

疗卫生制度和现代化医院管理制度"。[①] 2016 年，全国财政医疗卫生支出预算安排 12363 亿元，用于"促进基本公共卫生服务均等化"等五个方面的改革。财政公共卫生将担负起历史重任，加大财政公共卫生支出的研究，也显得更为重要和紧迫。

那么，新医改后我国财政公共卫生支出的现状究竟怎样？其整体规模和结构安排是否合理？其规模的增长是否能带来绩效的改善？公共卫生支出作为财政支出的一个组成部分，又应该如何进行科学的决策？要有效解决这些问题就必须对我国财政公共卫生支出进行准确的评价。

正是在这样的背景之下，带着对以上问题的思考，本书把财政公共卫生支出作为研究对象，系统性地考察分析我国财政公共卫生支出的规模和结构，在对我国财政公共卫生支出进行科学区域划分的基础上，以提高财政公共卫生支出绩效为主线，通过分析影响财政公共卫生支出绩效的因素及借鉴学习国外的经验，力图对我国的财政公共卫生支出绩效提出优化建议。

（二）选题意义

1. 理论意义

（1）构建科学有效的中国财政公共卫生支出评价体系。随着卫生经济学、卫生财政学的日益发展，近年来，学术界对公共卫生的关注日益突出，不断有新的研究成果出现。了解、总结并归纳这些成果，能够对中国有效地构建财政公共卫生支出评价体系提供有益的帮助。同时，世界各国也在经历了几次公共卫生危机后，不断地总结经验教训，并结合各自的实际，推出一系列适合本国国情的办法。最近几年医疗卫生领域接连发生了几次重大事件，如 SARS、禽流感、H1N1 等疾病的暴发，暴露出中国医疗

---

① 参见《中共中央关于制定国民经济和社会发展第十三个五年规划的建议》，2015 年中国共产党第十八届中央委员会第五次全体会议通过。

卫生领域问题的严重性。国内学者开始反思：如何利用国际理论界的最新发展成果？如何从中国实际出发的同时，合理借鉴其他国家的成功经验？如何有效地构建中国财政公共卫生支出绩效评价体系？诸如此类推进中国公共卫生事业的发展成为当前中国必须面对的关键性问题，本书总结近几年来国内外有关公共卫生支出的最新研究成果和研究方法，并在此基础上，一方面采用单指标面板数据的聚类分析方法对中国财政公共卫生支出区域进行分析和评价，另一方面尝试建立"财政公共卫生支出—卫生资源—经济社会效益"的序列型两阶段 DEA 模型以计算出中国财政公共卫生支出的绩效。这些模型的提出对构建科学有效的中国财政公共卫生支出评价体系有着重要的理论意义。

（2）为建立科学的医疗绩效评价机制提供导向作用。目前，国内学术界对公共卫生的研究主要集中在对其制度和体制的描述，对公共卫生的结构及规模的分析上，要么纯理论分析，就"卫生"谈"卫生"，要么引用大量的数据，就"数据"谈"数据"。缺乏数据的支持谈理论，以及缺乏理论的支撑谈数据，都不利于为政府决策者在制定相应的政策时提供充分的论证支撑。然而相关研究对中国财政公共卫生支出的绩效评价多基于规模、结构的研究，或是采用"3E"的评价体系，从公平、效率的角度出发，采用"4E"绩效评价体系的研究相对较少。因此，本书希望通过对上述领域的拓展性分析，为中国财政公共卫生支出的相关研究和医疗绩效评价机制的构建提供一定的导向和参考。

2. 现实意义

（1）为新医改背景下的公共卫生投入政策提供参考策略。2009 年新医改要求，以人人享有基本医疗卫生服务为根本出发点和落脚点，从改革方案架设、卫生制度确立到服务体系设置均要遵循公益性的原则，"把基本医疗卫生制度作为公共产品向全民提供"①。医改未来目标的实现与每个具

---

① 参见《中共中央 国务院关于深化医药卫生体制改革的意见》（2009 年 3 月 17 日）。

体方案的实施都需要有强大的财政支持。公共财政支出作为国家宏观调控中最有力的工具，是否做好了足够的准备？如何有效地进行财政预算，并有效地利用财政拨款，为社会全体成员提供公共卫生服务，成了国内学者研究的重点。本书将通过对财政公共卫生支出绩效进行经验分析后，尤其是分析影响绩效背后的根源，并结合国际成功经验，提炼出政策建议，期望可以为完善新医改背景下的公共卫生投入政策提供参考。

（2）为实现公共卫生服务均等化目标提供量化依据。公共卫生服务是一种典型的公共产品，政府作为主要供给者，在提供此项服务时应充分考虑到社会成员对公共产品的需求偏好，让处于不同地区的所有居民都能享受到大体相等的服务。然而，我国的公共卫生服务的供给现状并不理想，不同服务项目与不同地区之间的卫生投入比例不协调，不同地区与不同人群在享受基本公共卫生服务上存在着巨大的差异，这些都不利于公共卫生服务均等化目标的实现。本书通过对各类区域之间的公共卫生服务的差异进行实证分析，从而提出相关政策建议，以期为实现公共卫生服务均等化目标提供量化依据。

（3）为实现全民健康覆盖，构建和谐社会提供政策建议。1948 年，《世界卫生组织宪章》提出，"健康是人类的一项基本权利"。1977 年，世界卫生大会提出了第 WHO30.43 号决议——"2000 年人人享有卫生保健"的目标（Health for All by the Year 2000，HFA/2000）。2005 年，世界卫生大会又提出了"全民健康覆盖"的概念。我国在 2009 年提出，"到 2020 年，要基本建立覆盖城乡居民的基本医疗卫生制度，实现人人享有基本医疗卫生服务"。但目前在我国由于收入差距的扩大，不同阶层人民的医疗卫生需求与实际满足程度严重不对等，富裕阶层的卫生服务需求基本得到满足，多数阶层的人民——包括相当多的农村人口及部分城市居民，出于经济等原因卫生需求难以得到满足。部分贫困阶层甚至连最基本的公共卫生服务都享受不到。卫生改革的严重滞后，不仅影响人民的健康和社会经济的发展，也带来了一系列的社会问题，如医患关系紧张、民众不满情绪增加、弱势群体越来越贫困等，这对中国和谐社会的构建可以说是一种隐患。2016 年，全国卫生与健康大会强调，"把人民健康放在优先发展战略地位，努力全方位全周期保障人民健康"，因此，解决好公共卫生服务事业的绩效问题，不但可以有效地提高我国民众的健康水平，还会对我国经济的增长产生积极的作用。因此，有必要加大公共卫生的投入，完善中国公共卫生体系的建设，促进和谐社会的构建。

二、国内外文献综述

关于财政公共卫生支出的相关研究成果较多，本书拟从财政公共卫生支出的规模与结构研究、区域差距研究、绩效研究和影响因素研究这四个方面对国内外的文献进行梳理及综述。

（一）财政公共卫生支出的规模与结构研究

关于财政公共卫生支出规模方面的研究主要集中在以下几个方面：杜乐勋（2005）指出，虽然国民健康水平较高，但我国对公共卫生的总投入严重不足，需要进一步扩大卫生总费用的总量和规模。张申杰（2007）通过国际比较和国内分析也发现，我国虽然将公共卫生定义为公共品，但与快速增长的经济相比，支出规模还是不够的。不过从纵向比较来看，随着我国医疗卫生事业的改革发展，卫生总费用得到增长，卫生总费用占 GDP 的比重持续提高，人均卫生总费用也实现了不断攀升。张荣林、钱雨和刘松松（2012）在对 2001~2010 年我国政府卫生预算支出及卫生费用总量的变化情况进行分析后指出，我国政府在公共卫生领域的投入有所上升但仍然不足，政府"缺位"现象比较严重。

关于财政公共卫生支出结构方面的研究成果主要集中在以下几个方

面：赵艳和周长城（2006）指出，中国的卫生资源配置存在失衡现象，农村地区所获得的公共卫生支出占政府卫生总支出的比例很小，东部地区在卫生基础设施方面较完备，而大多数的西部省份人均可享受的医疗基础设施却十分有限。许敏兰和沈时伯（2012）认为，我国公共卫生支出的使用结构不合理，具体表现为公共卫生服务经费占公共卫生支出、财政支出及卫生总费用的比重持续下降，而公费医疗经费占比呈上升趋势。王晓洁（2011）在《中国公共卫生支出理论与实证分析》中指出，我国公共卫生支出的使用结构、分配结构以及政府负担结构均存在不合理的现象。

综上可见：目前在中国公共卫生支出规模方面，学者们一致认为，不管是国内的纵向比较还是国际的横向比较，我国卫生总费用的总量不足、增长速度缓慢，公共卫生支出水平较低；在我国公共卫生支出结构方面，国内大多数学者主要认为，我国公共卫生支出结构不合理，具体表现在政府在公共卫生的投入东部地区大于西部地区，城市大于农村，居民个人卫生支出在卫生总费用中所占的比重大于政府。学者们更多的是在分析卫生总费用中国家、社会和个人的分配比例，或是探讨公共卫生支出具体的功能项目。若能运用计量经济学方法研究中国公共卫生支出的规模与结构问题，则有助于进一步了解可能导致中国公共卫生支出规模不足、结构失衡的内在原因。

（二）财政公共卫生支出区域差距研究

国内外对公共卫生支出区域差距的研究主要集中于国家与国家之间，国家与各省（州、地区）之间，各省（州、地区）之间，以及城市和乡村之间的差异。

随着穷国与富国之间健康差距的不断扩大，关于国家与国家之间公共财政支出差距的研究，大部分是围绕公共卫生支出对穷国与富国健康状况的影响展开的。有学者认为，财政公共卫生支出能够改善健康公平性，缩小健康差距，这种改善更多地体现在对不同人群健康公平性的影响上。Deolalikar（1995）通过对印度尼西亚公共卫生支出进行研究发现，贫困儿童疾病的发生和持续的时间受公共卫生支出的影响明显。同年世界银行的研究结论也指出，对于减低贫困地区的婴儿死亡率，菲律宾的公共卫生支出具有显著的作用。Wagstaff（2002）也得出类似的结论，其认为，公共卫生支出与较低的婴儿死亡率及儿童死亡率密切相关，但是只发生在低收入人群中。Bidani 和 Ravallion（1997）、Gupta 等（2003）都利用截面数据研究了公共卫生支出与穷人健康状况之间的关系，以及公共卫生支出对期望寿命和婴儿死亡率的影响，均得出一致结论——公共卫生支出对穷人的健康影响要大于富人。Gupta 等（2003）甚至提出，在穷人中每增加1%的公共卫生支出所引起的儿童死亡率的下降几乎等于在富人中增加1%带来效果的两倍，因而公共卫生支出有利于缩减不同收入人群之间的不公平性；此外，也有学者认为，财政公共卫生支出对健康公平性的影响不显著甚至没有任何影响。例如，Wagstaff（2002）以健康指数为变量，研究了42个发达国家和发展中国家的健康不平等趋势，结果表明，提高收入水平，健康不平等会加剧，提高公共卫生支出占卫生总费用的比重，健康公平性能得到有效的改善，但是变量之间的回归系数仍然不显著。Castro - Leal 等（1999）通过对 7 个非洲国家数据进行研究发现，对于医疗卫生项目的公共卫生补助给富人带来的影响超过给穷人带来的影响，而针对公共卫生以及疾病预防项目的补助对穷人的影响更大。从公平性角度来讲，如果公共卫生项目没有集中于穷人使用的服务项目上，那么对健康公平水平将会带来不利的影响。

关于公共卫生资源在乡村和城市分布的研究中，国内外几乎所有的研究均认为公共卫生支出严重倾向于城市，乡村人均公共卫生支出要明显低于城市人均公共卫生支出。Muhammad（2007）在研究印度政府卫生支出地区性差异问题时发现：果阿邦、哈里亚纳邦、卡纳塔克邦、马哈拉施特拉邦、古吉拉特邦等发达地区人均公共卫生支出要明显高于比哈尔邦、奥里萨帮和中央邦等地区；对于较为特殊的喀拉拉邦，尽管社会经济发展较为落后，但是公共卫生支出较高；其他地区人均公共卫生支出较高主要是因为地区结构属于丘陵区，人均资源分布稀少，并且享受政府资助发展计划的帮助；卫生资源分布的地区性差异导致卫生服务提供水平和居民满意程度的地区性差异，各省（州、地区）在公共卫生支出方面享有较高的独立行使权，各省（州、地区）之间公共卫生支出差异化的原因在于省（州、地区）政府对中央政府帮助其解决公共卫生支出赤字的预期不同，期望越高的省（州、地区）相对支出越多，反之相对越少。Achim Fock 和 Christine Wong（2005）研究了中国的公共卫生支出状况，其在中国卫生部门公共支出和资源分配的研究报告中指出，政府卫生支出在区域间的高度分化，导致卫生公共资源分配不公平，一个明显的特征是，中国某些地区的公共支出与需求背道而驰，卫生需求越多的地方，卫生支出相对越少。国内的很多学者也认同此观点。张磊（2007）认为，我国城乡人均公共卫生支出规模同样存在很大差异。他通过对 2000~2004 年城乡公共卫生支出进行比较，发现城镇居民人均享受的公共卫生经费是农村地区的 4 倍左右，农村人口享受的公共卫生经费远低于城镇人口。他认为，造成这种情况的原因是乡镇一级的政府缺乏相应的财政收入，卫生经费主要靠上级政府的转移支付。刘苓玲和徐雷（2015）则认为，财政医疗卫生支出的总体差距主要源自各地区的内部差距，而区域内部差距主要由东部地区的内部差距引起。在此基础上，有学者从空间分布差异和格局进一步探讨政府卫生支出规模的地区差异，如颜建军、徐雷和谭伊舒（2017），研究虽有所拓展，但大部分学者普遍认为我国政府卫生支出规模最高的地区为我国东部，我国中西部地区政府卫生支出规模相对较低，如安钢（2017），彭莉、湛大顺和张翔（2018）。

此外，作为医改的一项重要内容，我国对公共卫生支出区域均等化的研究也随着医改的开展深入了起来。有学者通过对某一区域的研究来展开对卫生服务结果均等化的调研，如于风华等（2009）分析了山东政府卫生投入和资源配置的问题，认为卫生财政方面的不均等会导致基本卫生服务的不均等。冯海波和陈旭佳（2009）从区域和城乡两个维度分析了2003~2007年广东省公共医疗卫生支出的财政均等化水平，认为广东省公共医疗卫生支出不均等的主要问题是区域间的不均等，而城乡之间的不均等则属于次要矛盾。夏红（2010）对上海市闵行区基本公共卫生服务均等化进行了实践研究。邢聪艳（2011）对FZ市所有社区卫生服务机构采用分层随机抽样的方法分析FZ市基本公共卫生服务项目均等化程度；但有关区域均等化的研究，学者们更多地倾向于采用基尼系数和泰尔指数的分析方法，他们指出，我国地区间公共卫生服务均等化呈缩小的态势。金文莉（2010）经过研究发现，由于东中西部地区经济发展水平和财政收入能力不同，导致不同地区在人均公共卫生支出的规模、卫生医疗条件上也存在差异；李强谊和钟水映（2016）使用Dagum基尼系数与Kernel密度估计方法，对我国财政医疗卫生支出规模的地区差异及动态分布过程进行了考察，研究结果表明，我国财政卫生支出规模总体差距表现出先升后降的趋势，总体差距主要是由区域间差异导致，区域内差异对总体差距的影响在慢慢减弱。针对这种情况，朱盛萍等（2017）通过对江西省财政卫生支出的地区性差异进行结构分解与测度发现，区域内差异会引起相对于财政支出和GDP的财政医疗卫生支出地区性差异，而区域间差异会引起相对于人口分布的财政医疗卫生支出地区性差异。当然也有学者从总体上探讨公共卫生支出中的总量，地区间、城乡间和功能间的结构性问题，如沈楠（2008）、马文飞和李翠平（2010）。

公共卫生支出区域差距研究领域的文献数量庞大，但是主题相对分散，研究方法和结果也种类繁多。综合以上研究可见，在方法上，国内外学者们大都采用基尼系数和泰尔指数对公共卫生支出区域差异进行分析，以定性考虑和理论分析为主对公共卫生支出的均等化进行研究。在研究对象上，国外学者主要集中于对穷国与富国、穷人与富人的比较，而国内学者则主要对我国地区间、地区内以及城乡间进行比较，且大部分的学者多采用东、中、西三个地区的分析方式，这种地区划分更多是基于经济发展的整体情况，不能体现财政公共卫生支出的分布特点。本书拟采用单指标面板数据的聚类分析方法，以期对我国财政公共卫生支出的分布情况进行更为准确的区域划分。

（三）财政公共卫生支出绩效的研究

政府的财政支出行为具有很强的公共性，因此支出行为既要有效率也应注重公平。对财政支出行为进行绩效管理，就是为了达到两者的平衡。20 世纪 20 年代，西方国家政府的财政收支规模逐渐扩大，但管理过程中问题也不断出现，单纯地强调审计监督的合法性与合规性已无法满足财政管理发展的需要，政府开始把关注点转向合理性的绩效评价。1938 年，克莱伦斯·雷德（Roland）和赫伯特·西蒙（Simon）发表了《市政工作衡量——行政管理评估标准的调查》，该文标志着西方政府开始着手进行绩效评价理论研究。该文章认为，公共行政追求的主要目标是行政效率，政府进行绩效评价应当以效率为导向。在我国，中国社科院的陈昌盛和蔡跃州（2007）最早对基本公共服务开展绩效评价，他们采用 DEA 方法和基准评估（标杆）法对我国各省份的公共服务绩效进行分类评价和综合评价。本书也对财政公共卫生支出进行总体绩效评价与绩效维度分析。

1. 财政公共卫生支出总体绩效评价研究

近年来，政府财政支出绩效的研究方法随着国外先进经济计量方法的发展也在不断发展。现阶段，主要采用的是数据包络分析方法。数据包络分析方法（DEA）最早由 Farell（1957）提出，1978 年经 Charnes、Cooper

和 Rhodes 推广，成为评估公共部门和非营利部门绩效的主要方法。1984年，Sherman 首次将 DEA 方法应用于医疗卫生领域，开创了 DEA 方法在卫生经济学领域应用的先河。从此以后，大量的学者将 DEA 方法应用于医院和医疗卫生系统研究中。学者们更多地对不同类型医院之间的效率进行比较分析，如 Nyman 和 Bricker（1989）在研究老人院的效率时发现，营利性老人院要比非营利性老人院效率高，并且医院的效益随着享受国家医疗照顾老人比例的增加反而下降。Valdmanis 等（1990）发现，公立医院比非营利医院的效率要高，这是因为政府对公立医院有严格的预算限制。也有学者对某一类型医院的效率进行了研究，如 Ferrie 和 Valdmanis（1996）分析了 85 所精神病院的效率，发现 DEA 有效的精神病院占了 91.4%，平均得分 0.647，若所有的精神病院均达到有效率的标准，每年将节约 720万美元的费用，并可以减少 1715 名正式工作人员和 1129 张床位。Sharon、Yossi 和 Simon-Tuval（2013）对经济合作与发展组织（OECD）国家的财政医疗卫生支出绩效采用 DEA 分析法进行研究，研究结果表明，卫生机制的成熟程度与卫生支出效率存在正相关关系，即医疗卫生支出效率会随着卫生系统机制的完善得到明显的提高。

我国学者对于 DEA 的研究起源于 20 世纪 80 年代中期，由中国人民大学魏权龄（1986）最早提出该方法的理论体系和数理分析模型："运用 DEA 方法，可以确定每个决策单元相对上一时期的效率以及规模收益的情况，而且对于 DEA 无效的决策单元，可以提供达至 DEA 有效的各种投入的目标水平。"[①] DEA 方法由此逐渐被卫生经济和医院管理领域内的专家学者所认知和接受。

1994 年，陈志兴等对位于上海市的 10 所综合性市级医院的运行效率进行了评价，开创了我国 DEA 方法在评价医院运行效率领域的先河。此

---

① 魏权龄. 评价相对有效性的 DEA 模型［C］//发展战略与系统工程——第五届系统工程学会年会论文集. 北京：中国系统工程学会，1986.

后，运用 DEA 方法评价医院运行效率的研究越来越多。2000 年，山东医科大学的庄宁等应用数据包络分析方法对全国 12 个省市 34 家医院的技术效率进行了评价；2001 年，大连医科大学的侯文等应用 DEA 方法评价了全国 10 所县级医院的服务效率；2002 年，解放军 97 医院的左娅佳等应用数据包络分析方法研究了医院的床位利用效率。以上研究均认为，对医院效率进行评价采用 DEA 方法相对其他方法具有较强的适用性和可行性。但也有学者不赞同此观点。2003 年，李杰、姜潮等在采用 DEA 方法评价医院效率的基础上，阐述了该方法在这一领域应用上的优点和不足。

以上学者主要运用 DEA 方法对医院效率进行评价，有学者在研究地方政府卫生支出效率时也采用了此方法。王俊（2007）将预算内地方政府卫生支出作为投入变量，卫生机构数、卫生技术人员数和卫生机构床位数作为产出变量，通过 DEA 方法剖析了 1997 年和 2003 年的地方政府卫生支出效率。其研究结果表明，中国地方政府卫生支出效率的地区差异非常明显。韩华为和苗艳青（2010）在 DEA - Tobit 两阶段分析框架下研究了 1997~2007 年中国 31 个地方政府的卫生支出效率。骆永民（2011）利用 1998~2008 年的面板数据，以 DEA 方法探究了公共卫生支出、健康人力资本与经济增长的关系，用公共卫生支出投入产出效率作为健康人力资本的代理变量时，选取人均医疗卫生支出为投入指标，万人病床位为产出指标。实际上，这些文献讨论的是公共卫生支出对卫生资源之间的投入产出效率问题。

王宝顺和刘京焕（2011）运用 DEA 方法对我国地方财政卫生支出的技术效率值、纯技术效率值以及规模效率值进行了核算，并测算了 Malmquist 指数借此来衡量中国地方公共卫生财政支出生产率的动态变化。其研究比前面的文献更进了一步，产出指标中不仅包含了卫生资源，还包含了疾病控制等反映社会效应的指标，即卫生机构数、卫生人员数、卫生机构床位数、改水受益人口占农村人口百分比、饮用自来水人口占农村人口百分比、甲乙类法定报告传染病病死率为产出指标。罗红雨（2012）选取我国省级财政对卫生事业的支出数据为样本，运用 DEA 方法核算了地方财政卫生支出的效率值，进而利用 Bootstrap 法进行回归参数估计以确定影响财政卫生支出效率的因素，研究结果发现，我国省级财政卫生支出存在着 19% 的投入浪费。万生新（2012）运用 DEA 方法，将我国各地区公共卫生支出系统作为一个决策单元来评测其公共卫生支出的效率，研究结果显示：我国公共卫生支出的整体效率偏低，地区间公共卫生支出绩效差异明显。

金荣学和宋弦（2012）运用 DEA 及 Mulmquist 生产率指数对我国公共医疗卫生支出的绩效进行评价分析，并指出引起效率变化的原因。他们对所选取的指标做出了比较大的改变，将卫生资源和公共卫生支出作为投入指标，即每千人口卫生技术人员数、每千人口医疗机构床位数和人均财政医疗卫生支出，将经济效益、社会效益及持续影响等指标作为产出指标，即人均 GDP、社会卫生服务中心医师日均诊疗人数、新型农村合作医疗人均筹资、门诊病人次均医药负担率和传染病发病率，发现中国公共医疗卫生支出总体效率水平较高，大多数省份处于规模报酬递增阶段且支出全要素生产效率呈上升的趋势。

综上分析，可见现有国内外对财政公共卫生支出绩效的研究文献大部分以医院为决策单元研究医疗卫生服务效率，利用 DEA 方法研究公共卫生支出绩效的文献则较少。对财政公共卫生支出的绩效测度上，现有文献选取的指标不一，且均没有很好地区分财政公共卫生支出、卫生资源与经济社会效益的关系，这不利于对财政公共卫生支出绩效的测度。实际上，财政公共卫生支出直接影响卫生资源的改善，卫生资源有了良好改善后，进而产生经济社会效益。于是，为了科学计算中国财政公共卫生支出总体绩效，本书采用序列型两阶段 DEA 模型。

2. 财政公共卫生支出绩效维度评价研究

20 世纪 60 年代，为了更有效地控制财政支出并提高政府工作绩效，美国会计总署将原有单一的审计指标（经济性）重新制定为多重审计指标，即经济性（Economy）、效率性（Efficiency）和效果性（Effectiveness），又称"3E"评价法。经济性（Economy）强调"资源的使用是否达到最小化"，效率性（Efficiency）强调"采取的行动和方式是否有效"，效果性（Effectiveness）则强调"是否做了应该做的事"。"3E"评价法是西方政府工作进行绩效评估的最初方法。虽然该方法比原有的评价方法更为科学，但其仍以追求经济最大化为目标，较为片面。20世纪80年代开始，"新公共管理"革命在很多发达国家和发展中国家纷纷开展，对财政绩效评价体系提出更高的要求。美国会计总署在原有"3E"评价法的基础上增加了"公平"（Equity）指标，将其发展为"4E"评价法。随着西方新公共管理运动的深入，出现了质量、责任等更多的指标要素。

最早对公共卫生进行绩效维度评价的是美国，其在1915年开始进行此类评价。"正确地做事"还是"做正确的事"一开始成为人们争论的焦点，最终，人们认为公共卫生绩效评价更为关注的应该是结果，即"做正确的事"。1988年，美国医学研究所（Institute of Medicine，IOM）发表了《公共卫生的未来》，提出对公共卫生的认识不应只停留在服务层面，应向评价、政策发展和保障三大公共卫生核心职能转移。核心职能的确定是分析及评价公共卫生活动的前提和基础，政府公共卫生部门的职责得到进一步确定。

随着地方公共卫生系统绩效评价的发展与完善，人们开始关注国家层面的公共卫生绩效评价。2000年，世界卫生组织在《2000年世界卫生报告》中构建了分析国家卫生系统绩效评价的新框架，提出绩效评价的目的就是利用相应的衡量指标和方法，通过对卫生系统的关键产出结果和效率进行监测和评价，进而分析影响绩效的因素，最终提出改进的政策建议。该框架的提出具有划时代的意义，有助于我们对卫生系统进行评价和进一步明确卫生改革的方向。但该框架也存在一定的局限性，学者与一些组织在该框架的基础上进行了进一步的完善。例如，2002 年美国 CDC 与公共卫生合作组织针对公共卫生服务项目，制定了地方、州公共卫生体系评价工具及治理绩效评价工具，这为现今开展公共卫生支出绩效评价工作提供了理论基础。Landrum 和 Baker（2004）利用美国公共卫生部门绩效管理研究的数据，提出建立四因素模型（绩效标准、绩效测量、发展报告、质量改进），为当今公共卫生绩效管理提供了一种行之有效的办法。

近年来，我国财政管理工作随着收支规模增大及公共财政框架的创立，对绩效支出管理越来越重视，绩效评价主要采取"3E"评价法。武剑和方芳（2007）分别从经济、公平与效率入手分析我国公共卫生支出的绩效，提出我国公共卫生支出的绩效并不理想，应该重新谛视公共卫生支出的规模与结构，重新思索有限资源的配置问题，以期改善人民的福利。丛树海和李永友（2008）采用经济性、效率性、有效性三大指标，对我国1997~2002 年的公共卫生支出绩效情况进行了整体评价，得出我国公共卫生支出整体绩效不容乐观，公共卫生支出的整体绩效呈下降趋势的结论。袁化新（2009）以疾病预防控制支出为例，证明在疾病预防控制支出中实施绩效预算的重要性，并详细说明实施步骤及应关注的问题。他认为，在疾病预防控制支出中进行绩效预算，可以实现资金分配的规范化及绩效化，若再引入竞争机制，公共卫生资源的配置效率将会得到极大提高。程晋烽（2010）认为，我国医改正处于关键时期，单靠医疗卫生的投入是远远不够的，应更关注结果。他建议在设计我国公共卫生支出绩效管理指标时，可以结合西方新公共管理的思想及做法，并建议政府注意控制和监管资金、人力以及其他成本。

综上分析，可见目前关于公共卫生支出绩效维度评价的研究较多，主要集中于指标体系的建立和评价的标准。但是，由于政府行为目标的多元化，在对公共卫生支出进行评价的过程中对众多目标的量化及各个目标权重的确定存在一定的困难，且没有一般等价物可对目标与目标之间的关系进行换算，又不能用微观成本效益评价法进行简单计算，因此，开展评价工作就更难了。此外，对公共卫生支出绩效的研究，以往多以定性论述为主，对中国公共卫生支出公平性具体的定量分析较为缺乏，多采用"3E"绩效评价体系，但公平性因素在公共卫生支出系统中也是非常重要的因素。对财政公共卫生支出进行绩效评价，就可以清晰明了地掌握财政公共卫生支出的规模、结构和政策实施效果，进而发现政策实施过程中出现的问题，为管理决策提供科学依据。

（四）财政公共卫生支出绩效影响因素的研究

国外关于卫生支出绩效影响因素的研究较多，且学者们普遍认为，经济因素是最为重要的影响因素。例如：卫生经济学家 Newhouse 和 P. Joseph（1977）运用计量经济学分析的方法对 OECD 国家进行截面数据分析后，得出 GDP 是卫生总费用最重要影响因素的结论；我国学者周海燕等（2011）利用 1997~2009 年我国各省区市的数据，采用面板数据回归模型对我国政府卫生支出进行分析，研究结果表明，国内生产总值是我国政府卫生支出的主要影响因素。这与 Newhouse 和 P. Joseph 的分析结果是一致的。然而有些学者却不完全认可此观点。Santiago Herrera 和 Gaobo Pang（2005）通过建立 Tobit 面板模型，对 1996~2002 年 140 个发展中国家政府卫生支出效率的影响因素进行分析后发现，政府卫生支出水平越高，效率得分却越低。同时，他们还指出，城市化水平与产出效率存在正相关关系，产出效率低的原因是人员经费占政府预算的份额不合理及收入分配不公。David Hauner 和 Annette Kyobe（2010）也发现，政府卫生支出占 GDP 的比重越高，卫生部门的效率则越低，不过在经济发展水平较高的国家，若能控制好腐败则政府卫生支出效率的提高能得到促进。还有学者则提出，卫生支出对国家经济存在影响。郭平、刘乐帆和肖海翔（2011）基于内生增长模型的框架，实证表明政府医疗卫生支出对经济增长具有积极影响，且政府卫生支出在人力资本效应和投资乘数效应方面对经济增长的促进作用有很大的提升空间；而 Mohapatra 和 Mishru（2011）根据印度主要州的面板数据，把财政医疗卫生支出分成收益性医疗卫生支出和资本性医疗卫生支出两个部分并进行研究，结果显示无论是收益性医疗卫生支出还是资本性医疗卫生支出都无法在国家整体层面上影响经济发展，但从州的层面上来看，资本性医疗卫生支出在长期会对经济发展产生影响。蓝英（2014）基于协调模型，再次验证财政总支出水平与医疗卫生支出水平无较大联系。

有些学者则认为，人口因素对卫生支出绩效有重要的影响，卫生服务需求和年龄呈正向的线性关系。Grossman（1972）通过构建卫生需求模型发现，年龄的增加反而造成健康资本存量下降，若想增加健康存量，人们不得不加大对医疗服务的使用，卫生支出随之上升。因此，有学者研究了老龄化人口与卫生支出之间的关系，例如：Hitiris 和 Posnett（1992）研究得出，老年人口的比例对卫生支出会产生显著的正向影响作用；Murthy 和 UkPolo（1994）指出，人口老龄化和卫生支出之间存在长期的正向关系。Dreger 等（2005）也证实 OECD 国家的卫生费用，随 65 岁及以上人口比例的增长也呈现增长的趋势；Gerdtham（2000）等的研究也得出了类似的结论。此外，学者们发现除了人口老龄化外，少年儿童抚养比对卫生支出也有影响。刘吕吉和石静（2013）基于广义矩估计方法发现，除了老年人口抚养比率对政府卫生支出有显著正的影响外，少年儿童抚养比率的降低也会增加政府卫生支出。不过也有学者认为，人口老龄化与卫生支出之间没有直接关系。Zweifel 等（1999）认为，卫生支出不能等同于养老服务支出，老龄化会增加养老费用，但不能据此认为其是造成卫生支出费用增长的直接原因。Raitano（2006）提出，年龄不会直接带动卫生费用的增加，更为关键的是是否临近死亡。死亡前的最后几年发病率是最高的，因此这段时间所产生的卫生费用会比其他时候的卫生费用高。死亡年龄增长，临终期间的卫生支出则递减。法国卫生经济研究资料中心（ORE-DES）研究发现，人口老年化对卫生费用增长的影响有限。如 1970~1980 年，欧洲地区人均医疗费用增长了 78%，由人口老年化导致的增长只有 0.9%。

也有学者认为，经济因素和人口因素共同影响卫生支出绩效。例如，Herwartz 和 Theilen（2003）通过单位根检验、协整分析和误差修正模型，对 1960~1997 年 19 个 OECD 国家人均 GDP、人口老龄化与卫生保健支出的关系进行研究，结果证实，影响卫生保健支出的主要因素是人均 GDP 和人口老龄化；Cantarero（2005）分析了 1993~1999 年西班牙 15 个地区卫生保健支出受经济因素和人口因素的影响程度。Cantarero 和 Lago（2010）对 1992~2003 年西班牙 17 个地区影响公共医疗保健支出的主要决定因素进行研究发现，收入和人口结构（在加入了其他控制变量之后），与公共医疗保健支出显著正相关。

此外，有些学者在经济因素和人口因素之外又增加了其他的影响因素。Livio Di Matteo 和 Rosanna Di Matteo（1998）利用 1965~1991 年加拿大各地区的面板数据，发现个人收入、人口老龄化以及实际人均联邦转移收入是影响各地区政府卫生保健支出的关键决定因素。Karatzas（2000）以 1962~1989 年美国各州的面板数据为样本，研究发现，卫生保健总支出、私人卫生保健支出及政府卫生保健支出的主要影响因素是经济因素、人口因素和医疗条件。Antonio 和 Miguel S. T. Aubyn（2005）对亚洲地区和太平洋沿岸地区多个国家的医疗卫生发展状况进行深入研究，指出政府卫生费用投入的规模对支出效率具有积极影响。Shiu 和 Chiu（2008）通过分析 1960~2006 年中国台湾人口老龄化和生命预期对卫生保健支出的影响，发现四个方面的因素对卫生保健支出具有统计显著性，分别是收入、人口老龄化、生命预期和在职医生数。这四个因素中，除生命预期这个因素是负影响外，其他因素均为正影响。Murthy 和 Okunade（2009）分析了 2001 年非洲44个国家的截面数据后发现，影响人均健康支出的主要因素是实际人均 GDP 和国外援助。Gerring、Thacker 和 Enikolopovc（2013）也认为，GDP 对财政医疗卫生支出效率具有积极作用，一个国家的 GDP 越高，支出效率就越高，且一国的医疗技术水平对医疗卫生支出效率也会产生积极影响。

我国学者普遍认为，多方面的因素共同影响了财政公共卫生支出绩效。张宁、胡鞍钢和郑京海（2006）利用 Tobit 模型分析卫生支出的健康生产效率的影响因素，认为人口密度和健康生产效率显著正相关，公共健康支出占 GDP 比重越大造成效率的低产出越有可能。韩华为和苗艳青（2010）证实造成中国地方政府卫生支出效率地区差异显著的重要原因是人口密度、居民受教育水平、人均 GDP、财政分权和医疗体制改革等社会、经济和政策因素。贾智莲和卢洪友（2010）通过建立固定效应面板模型，发现对卫生等民生类公共品的有效供给具有促进作用的是地方财政收入和城市化水平，财政分权和政府偏好对省级政府卫生供给水平没有促进作用，财政转移支付、经济开放度和人口密度甚至对其产生负面影响。罗红雨（2012）则发现，对财政卫生支出效率在统计上具有显著影响的是男女性别比例、人口密度、人均 GDP 以及地区分别。梁学平（2013）建立灰色关联分析模型进行分析，研究结果表明对政府卫生支出产生重要影响的是人均地区生产总值、城镇居民可支配收入、农村居民人均纯收入、财政收入水平、财政分权水平、财政支出总水平和老年人口抚养比。

从国内外已有文献来看，目前有关财政公共卫生支出绩效影响问题的研究较多，主要集中于经济因素和人口因素。国内学者则普遍认为，多方面的因素共同影响了我国财政公共卫生支出，但仁者见仁，各自所选取的影响变量均不同。本书将以往研究进行归纳，认为主要有三大因素影响我国财政公共卫生支出，分别是经济因素、人口因素和公共卫生资源因素。

经济因素包括经济发展水平和财政分权；人口因素包括各省的人口总量和人口的老龄化程度；公共卫生资源因素则包括医疗人员数和公共卫生机构床位数等。

三、本书的研究框架

（一）本书结构安排

本书把财政公共卫生支出作为研究对象，系统性地考察我国财政公共卫生支出的规模与结构，在对我国财政公共卫生支出进行科学区域划分的基础上，以提高财政公共卫生支出绩效为主线，通过分析影响财政公共卫生支出绩效的因素并借鉴学习国外的经验，力图对我国的财政公共卫生支出绩效提出优化建议。全书的结构安排如下：

第一章导论，主要介绍了本书的选题背景及意义、国内外研究现状和文献综述，进而提出本书的研究内容、研究思路及研究方法，探讨可能的创新点和不足之处。

第二章介绍了财政公共卫生支出的理论框架。首先，介绍了有关公共卫生、公共卫生支出口径及绩效等相关概念；其次，在此基础上从公共卫生产品的属性、卫生服务市场的信息不对称以及医疗保险市场的缺陷入手，解释了财政承担公共卫生支出的理论依据；最后，介绍了国际组织的公共卫生绩效评价框架。

第三章描述了我国财政公共卫生支出的历史与现状，并对其整体规模和结构安排的合理性进行分析。首先，回顾了我国公共卫生发展的进程，我国公共卫生大致经历了全国性公共卫生体系的基本建立、医疗改革的初步试水和"新医改"方案的艰辛探索这三个阶段。其次，分析了财政公共卫生支出的整体规模，主要从绝对规模、相对规模、弹性系数和国际比较四个方面入手进行分析。再次，从财政公共卫生支出的使用结构、分配结构、政府分级负担结构和国际比较四个方面对我国财政公共卫生支出的结构进行论证。最后，基于上述分析，指出当前我国财政公共卫生支出存在的问题：我国财政公共卫生支出总量上升但仍不足；各项目比例不均衡；城乡间分配失衡但差异缩小；中央与地方政府负担结构不够合理。

第四章评价了我国财政公共卫生支出的区域差距问题。首先，采用单指标面板数据的聚类分析，以人均公共卫生支出的高低为依据对中国31个省份进行了区域划分，将我国各省份重新划分为财政公共卫生支出高、中、低支出三类区域，打破了我国以往简单地以经济基础为依据的东中西的划分格局。其次，为了验证经济因素的重要性，通过增加人均GDP指标，将我国各省份重新划分为四类区域，分别为公共卫生支出和经济发展水平双高地区、公共卫生支出较低而经济发展水平较高地区、公共卫生支出较高而经济发展水平较低地区、公共卫生支出和经济发展水平双低地区，聚类结果表明，区域支出水平与经济发展水平不完全吻合。基于分析的可行性考虑，本书各章节的区域划分采用单指标面板数据聚类分析的结果。最后，分别计算各省份、各地区和全国的泰尔指数（Theil Index），并从全国、区域间、区域内三个层面评价公共卫生支出，进而得出以下结论：我国财政公共卫生支出区域不均衡但正逐年缩小；支出区域间绝对差距拉大但相对差距逐渐减少；区域支出水平与经济发展水平不完全吻合。

第五章构建了中国财政公共卫生支出总体绩效评价体系。第一节介绍了衡量财政公共卫生支出总体绩效的指标和测度方法。第二节使用序列型两阶段DEA模型对财政公共卫生支出绩效进行了测度，并从全国、省域和区域三个层面评价了财政公共卫生支出的绩效。第三节得出主要的研究结论：财政公共卫生支出的总体绩效不高但正逐步提升；财政公共卫生支出配置效率区域差异明显；财政公共卫生投入与产生的经济效益非正相关。

第六章分析了我国财政公共卫生支出的绩效维度。本章通过层次分析法计算指标权重，并对我国财政公共卫生支出进行绩效评价。本章利用构建的基础类指标（投入、产出、结果和影响），采用"4E"原则（经济性、效率性、效益性、公平性）对公共卫生投入、卫生服务可及性、卫生服务利用率、卫生服务水平、健康水平、患病风险保障和卫生支出公平性这七个方面进行评价，最终得出以下结论：财政公共卫生支出的经济性与公平性绩效相对较弱；财政公共卫生支出产出与结果存在不同比例的增幅；财政公共卫生支出各具体指标仍有较大提升空间。

第七章分析了影响财政公共卫生支出绩效的因素。本章通过面板数据回归模型，对影响我国财政公共卫生支出的人口因素（各省份人口总量、各省人口老龄化程度），经济因素（经济发展水平、财政分权）和公共卫生资源因素（医疗人员数量、公共卫生机构床位数）进行了分析，并得出如下结论：第一，就全国而言，财政分权只对公共卫生支出产生很小的正面影响，而其他五因素与财政公共卫生支出之间存在着显著的正相关关系。第二，对三类区域而言，高支出区域，影响最大的是人口总量；中支出区域，影响最大的是人均公共卫生机构床位数；低支出区域，影响最大的是人均医疗人员数；但对于高、中、低支出区域，经济因素均是重要的影响因素。本章还分析了影响财政公共卫生支出绩效的其他因素（财政公共卫生支出的规模、结构和公共卫生预算体制）。

第八章分析了财政公共卫生支出的国际经验与借鉴。本章分别选取发达、转轨和发展中三大类中的典型国家进行考察。发达国家选取了美国和英国，转轨国家选取了俄罗斯和匈牙利，发展中国家则选取了印度和马来西亚。本书认为，借鉴这些国家公共卫生服务的基本经验能够对中国财政公共卫生支出绩效体系的建立和完善带来有益的启示。

第九章提出了对中国财政公共卫生支出的优化建议。本章通过总结前文的研究结论，明确了我国公共卫生事业面临的问题和改革发展的必要性，同时结合我国的具体国情，提出了以下三个建议：一是建立有效的绩效预算管理模式；二是为公共卫生支出绩效提供制度支持；三是强化公共卫生支出绩效的配套举措。

（二）研究思路

本书试图提出一个全面、系统研究财政公共卫生支出的分析框架，并根据"理论分析—现状研究—分析评价—对策建议"这样的思路展开研究。

第一，分析财政为什么要承担公共卫生支出。在介绍财政公共卫生支出相关概念的基础上解释财政承担公共卫生支出的理论依据，并介绍了国际组织的公共卫生绩效评价框架。

第二，分析我国财政公共卫生支出的历史与现状究竟怎样，以及其整体规模和结构安排是否合理。在回顾我国财政公共卫生支出发展历程的基础上，对我国财政公共卫生支出的规模和结构进行分析，并总结当前我国财政公共卫生支出存在的主要问题。这是对财政公共卫生支出进行科学评价的基础。

第三，研究我国财政公共卫生支出区域差距问题。在对财政公共卫生支出区域进行重新划分的基础上，通过规范分析和经验分析的方法，采用最新的省级数据，评价我国财政公共卫生支出的总体绩效和维度绩效。

第四，分析财政公共卫生支出绩效的影响因素。通过实证分析的方法，分析经济因素、人口因素和卫生资源因素分别对全国及区域的影响。

第五，思考国外的公共卫生支出状况如何。这里的外国不仅仅指发达国家，还包括转轨国家和发展中国家，在分析这些国家公共卫生支出状况的基础上，提出对当前我国财政公共卫生支出的借鉴意义。

第六，在借鉴公共卫生支出的国际经验的基础上，提出对中国财政公共卫生支出绩效的优化建议。

(三) 研究方法

本书在借鉴财政支出理论、卫生经济学理论以及卫生财政学理论等相关研究的基础上，综合采用各种方法对主题进行研究，具体研究方法如下：

1. 经验分析与规范分析相结合的方法

本书采用经验分析方法对中国财政公共卫生支出的绩效进行描述，使用规范分析的方法对改革和完善中国财政公共卫生支出提出政策建议；同时，注重实证分析与规范分析相结合，在经验分析的基础上提出适合中国现状的政策建议。

2. 定性分析与定量分析相结合的方法

本书运用定性分析的方法对财政公共卫生支出进行理论概括和抽象分析，并结合计量经济学定量分析的研究方法，对财政公共卫生支出的各项指标、具体数值等进行统计、核算和计量分析。

3. 静态分析与动态分析相结合的方法

在研究的过程中，本书采用静态分析和动态分析相结合的方法。本书运用静态分析的方法来研究财政公共卫生支出在当下的时间和空间内的状态和特征，运用动态分析的方法来研究财政公共卫生支出在不同时间的发展以及未来的发展趋势。

4. 纵向对比与横向对比相结合的方法

本书在分析财政公共卫生支出的规模、结构、绩效分析时采用了横向对比和纵向对比相结合的方法。本书既有相同时间的不同指标的比较，又有不同时间的相同指标的比较；既有中国各省份的指标比较，又有不同国家的指标比较，可以比较全面地反映出财政公共卫生支出的发展变化趋势。

四、本书的研究特点

(一) 本书主要创新点

本书的创新之处在于以下三点：

(1) 以往相关研究的地区划分标准多为东部、中部和西部，但这种划分更多基于经济发展的整体情况，并不能很好地体现出财政公共卫生支出的分布特点。也有部分研究采用各省份人均公共卫生支出为依据，但采用的是单指标截面数据的分类方法，所以为了更为准确地进行区域划分，本书采用双指标 (各省份人均公共卫生支出和人均 GDP) 面板数据的聚类分析方法。

(2) 现有文献多采用 DEA 模型测度财政公共卫生支出的总体绩效，但均没有很好地区分财政公共卫生支出、卫生资源与经济社会效益的关系，这不利于财政公共卫生支出绩效的核算。财政公共卫生支出会影响卫生资源的改善，卫生资源有了良好的改善后，进而产生经济社会效益。本书构建了序列型两阶段 DEA 模型，较为准确地计算出了财政公共卫生支出的总体绩效。

(3) 以往研究大多运用 "3E" 的绩效评价体系分析某省份的财政公共卫生支出绩效情况，但财政公共卫生支出的公平性评价也是非常重要的。本书引入公平性指标，根据经济性、效率性、效益性和公平性 "4E" 评价准则，利用构建的基础类指标 (投入、产出、结果和影响)，从公共卫生投入、卫生服务可及性、卫生服务利用率、卫生服务水平、健康水平、患病风险保障和卫生支出公平性这七个方面，对我国财政公共卫生支出绩效进行维度分析。

(二) 本书不足

因个人研究时间限制、资料掌握程度不够等原因，本书还在以下两个方面存在不足之处：

（1）本书采用的多指标面板数据的聚类分析方法，虽然可以从客观上对中国财政公共卫生支出进行区域分类，但是存在着一定的缺陷。该方法涉及对指标的年度均值和年均增长率的两次分类，那么最终的分类结果将是年度均值×年均增长率，若其中一项的分类结果为偶数，则最终的分类结果也只能是偶数。所以，与其他的分类方法相比，此方法所得到的最终分类结果受限，没有那么"自由"。

（2）本书在对财政公共卫生支出结构进行国际比较时，受到数据限制，只能收集到2005年世界部分国家公共卫生支出政府负担比例的数据；在评价中国财政公共卫生支出的绩效时，同样由于数据的限制，没有将中国与其他国家进行比较，这较难判断出中国当前整体水平的高低。为了弥补这一不足，本书尝试分析其他国家的财政公共卫生支出情况，希望能从中得到有益的启发。

第二章
财政公共卫生支出的理论框架

世界卫生组织《世界卫生统计（2012 年）》数据显示，2012 年全球卫生总费用占 GDP 的 9.4%，政府卫生支出占卫生总费用的 59.1%，占政府总支出的 14.3%。由此可见，政府在卫生医疗服务中发挥着重要的作用。我国在 2003 年 SARS 疫情暴发后才开始关注公共卫生领域，财政公共卫生支出的相关理论研究不够深入。基于此，本章首先介绍了有关公共卫生、公共卫生支出口径及绩效等相关概念；其次，在此基础上从公共卫生产品的属性、卫生服务市场的信息不对称以及医疗保险市场的缺陷入手，解释了财政承担公共卫生支出的理论依据；最后，介绍了国际组织的公共卫生绩效评价框架。

第一节　财政公共卫生支出的界定

有关公共卫生的定义及财政公共卫生支出的测算口径，国内外一直存在着差异，这将不利于政府对所承担公共卫生职能范围的界定与分类。本节主要探讨公共卫生的概念和财政公共卫生支出的口径与绩效的含义。

一、公共卫生的概念

在对财政公共卫生支出进行界定之前，我们必须先要明确公共卫生的概念。

1920 年，"美国公共卫生之父"温斯洛（Winslow，1920）在《公共卫生的处女地》（*The Untilled Fields of Public Health*）中首次提出了"公共卫生"的概念，指出公共卫生是一种科学和实践，旨在帮助人们预防疾病、延长寿命及增强身体健康与机能。

该定义准确地概括了当时公共卫生的本质、工作范围和目的，1952 年此定义被世界卫生组织采用并沿袭至今。

随着时间的推移，一些学者相继对"公共卫生"提出自己的见解，部分组织也纷纷提出不同的界定。1986 年，第一届健康促进国际会议上通过了《渥太华宪章》并指出，公共卫生是在政府领导下，在社会的水平上，保护人民远离疾病和促进人民健康的所有活动。[①] 从该定义中可以看出，政府在公共卫生事业中处于核心地位，社会科学能较好地促进人类健康。它所界定的公共卫生涵盖了保护与促进健康的所有活动，工作范围进一步扩大。

1988 年，艾奇逊（Acheson，1988）提出对公共卫生的看法，其认为，公共卫生是一门科学与艺术。该定义在英国比较被认可。与温斯洛对公共卫生的定义相似，均强调社会参与在公共卫生中的必要性及公共卫生的最终目的。

同年，美国医学研究所（Institute of Medicine，IOM）在其研究报告《公共卫生的未来》中提出公共卫生的定义："公共卫生就是我们作为一个

---

① Jennie Naidoo and Jane Wills. Public Health and Health Promotion [M]. London：Bailliere Tindall，2005：3-23.

社会为保障人人健康的各种条件所采取的集体行动。"① 语言虽简练却强调了影响的环境因素、范畴、核心价值、与其他因素之间的关系。2003 年 IOM 在《21 世纪卫生和未来》中再次重申了该定义。

1989 年，世界卫生组织健康促进与教育部部长契克巴什将 "公共卫生" 上升到较高的地位，他认为公共卫生不仅是为了提高社会的健康水平，还应对社会公正、社会参与、持续发展及避免战争做出承诺，同时还应是全球性责任和策略的重要组成部分。

1995 年，英国的约翰·拉斯特（John Last，2004）将艾奇逊的定义进一步升华，指出公共卫生除了是一门科学与艺术之外，还是一种理念，旨在通过集体或社会活动以达到维护、督促和恢复健康的目的。此外，他还指出公共卫生还是一种制度、学科和实践活动，公共卫生活动会由于技术和社会价值观的改变而改变，但其最终目标——减少疾病、早死和因病所致的伤残却是永恒不变的。可见，他对公共卫生的定义更为具体，与前面的定义相比更全面。

2001 年，福斯特兰德和布约达（Forsetlund and Bjorndal，2001）② 把公共卫生确定为是一种决策行为，一种通过医学信息的组织、分析，进行与健康相关的社会决策。

2003 年，世界卫生组织（WHO）的专家 Richard Smith 将公共卫生界定为："改善人群健康和减少健康不平等的合作行动。"③ 该定义高度概括了现代公共卫生的特点和目标，认为公共卫生是集体的有组织的行为，具有可持续性，其最终将改善全人类健康，减少健康的不平等性。

2003 年，"非典" 疫情暴发并在中国大肆蔓延，"公共卫生" 才进入人

---

① Insitute of Medicine. The Future of Public Health［M］. Washington：National Academy Press，1988：1.

② L. Forsetlund and A. Bjorndal. The Potential for Research-based Information in Public Health：Identifying Unrecognized Information Needs［J］. BMC Public Health，2001（1）：1.

③ Richard Smith，Robert Beaglehole，David Woodward and Nick Drager. Global Public Goods for Health：Health Economic and Public Health Perspectives［M］. Oxford：Oxford University Press，2003：312.

们的视野，引起国人关注。全国防治"非典"工作会议紧急召开，同时召开了全国卫生工作会议，会上时任国务院副总理兼卫生部部长吴仪同志指出，"公共卫生"就是："组织社会共同努力，改善环境卫生条件，预防控制传染病和其他疾病流行，培养良好卫生习惯和文明生活方式，提供医疗服务，达到预防疾病，促进人民身体健康的目的。"这是我国首次提出较为完整的公共卫生定义。其清晰明了地指出，公共卫生是建设一项社会系统工程，不仅需要政府，还需要社会、团体和民众的积极参与。此外，该定义还首次明确了政府应代表国家承担公共卫生的责任。不过，该定义是在对当时社会对公共卫生普遍不了解的情况下提出的，有局限性，也有可以改进的空间。"若能明确地将公共卫生定义为公共事业，则可以起到提纲挈领的效果。"[①]另外，关于提供服务的范畴，公共卫生不可能包含所有的医疗服务，只能是基本的医疗卫生服务。可该定义却泛泛提出提供医疗服务，有超出范畴之嫌。

综上可见，目前学术界对于公共卫生以及公共卫生的内涵和外延，尚未达成一致共识。

二、财政公共卫生支出的口径

有关财政公共卫生支出的口径，各国都有不同的界定标准。由于定义与测算方法的不同，研究中经常出现相关词语的误用。就称呼而言，有"公共卫生支出""政府卫生支出"和"财政公共卫生支出"。有的学者认为这三者所包含的内容是一致的，有的学者则认为"公共卫生支出"的口径更大，而后两者是同一概念。王俊和陈共（2007）认为，对公共卫生支出内容和口径的界定，是研究财政支持卫生事业发展的起点。张仲芳（2008）也强调在对公共卫生支出进行国际比较时，应重视国内外测算口

[①] 曾广，黄建始. 公共卫生的定义和宗旨 [J]. 中华医学杂志，2010（6）：367-370.

径存在的差异。国外的文献也有相应的区分，早期研究多用"Public Health Spending"作为政府在卫生领域全部投入的代名词，如 Navarro（1990）、Scott（1993）；近期研究，如 Filmer 等（2000），Woolf 和 Steven（2011）则用"Public Spending on Health"代表政府卫生支出，用"Government Spending on Public Health"代表财政公共卫生支出。

　　国际上一般以世界卫生组织（WHO）[①] 和经合组织（OECD）[②] 的卫生账户系统（System of Health Accounts，SHA）为依据来界定财政公共卫生支出的测算口径。经合组织认为，广义的公共卫生支出不仅包含狭义的公共卫生支出，还包含社会保障卫生支出，而世界卫生组织所提出的广义的公共卫生支出则在经合组织"广义的公共卫生支出"的基础上，增加了外援卫生支出。可见，两组织均强调作为筹资主体的公共部门（如政府等）在卫生费用筹集中的重要作用。狭义的公共卫生支出，又称"以税收为基础的卫生支出"（Tax Funded Government Expenditure on Health），它囊括中央政府、省级政府和其他地方政府的卫生支出，具体提供的服务包括补贴卫生服务提供者，减免家庭的税收，进行实物转移，提供其他社会补贴以及实际的公共消费等，但不包括社会保障方面的财政投入（见图 2-1）。

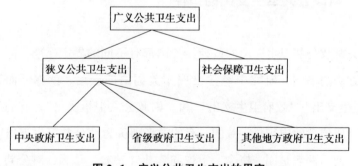

图 2-1　广义公共卫生支出的界定

---

　　① WHO. Guideline to Producing National Health Accounts with Special Application to Low-income and Middle-income Countries（2003）［EB/OL］. http：//www. who. int/nha/create/en/.

　　② OECD. A System of Health Accounts（2000）［EB/OL］. http：//www. oecd. org/dataoecd/41/4/1841456. pdf.

在我国，很多学者也提出了自己对"公共卫生支出口径"的看法。刘军（2006）将公共卫生支出划分为大口径和小口径：大口径的公共卫生支出主要指各级政府在卫生保健方面的预算拨款和税收优惠；小口径的公共卫生支出则是指对社区进行定期消毒、为新生婴儿进行疫苗的注射等方面的支出。然而王晓洁（2011）则认为，公共卫生支出有宽口径和窄口径之分，其论述较为简洁：宽口径的公共卫生支出包括公共卫生事业的支出和基本医疗的支出；窄口径的公共卫生支出只包含用于公共卫生事业的各项财政拨款（见图2-2）。

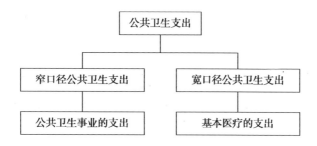

图2-2　王晓洁宽窄口径财政公共卫生支出的界定

王俊和陈共（2007）对有关财政公共卫生支出的内容及口径进行了详细的论述，他们认为，从字面上来看，公共卫生支出可以分为"公共的卫生支出"和"公共卫生的支出"。公共的卫生支出，是指政府卫生支出，是政府在卫生领域的所有支出，是一个国家（或地区）在一段时间内在卫生医疗服务领域所耗费的全部公共资源；公共卫生的支出，是指在公共卫生领域所有支出的主体除了政府部门之外，还有可能是个人、组织和社会团体，是一个国家（或地区）在一段时间内在公共卫生服务方面所耗费的全部资源。可见，"公共的卫生支出"包含政府财政部门在公共卫生事业方面的投入及医疗保健等其他卫生事业的财政支出项目，而"公共卫生的支出"则包括了政府财政部门、社会团体以及居民个人在公共卫生方面的支出（见图2-3）。

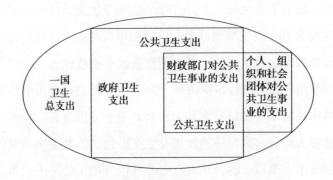

图 2-3 王俊、陈共财政公共卫生支出的界定

从图 2-1、图 2-2 和图 2-3 中，我们可以清晰地看到，国内外学者界定财政公共卫生支出口径的分歧点，在于财政公共卫生支出是否包含了社会保障卫生支出，国内学者认为不包含，国外学者则反之；国内学者普遍认为，我国的财政公共卫生支出包含政府财政部门对公共卫生事业的支出和基本医疗支出，但不包含社会卫生支出和居民个人卫生支出。

需要强调的是，本书的研究目的在于探讨在公共财政框架下政府对公共卫生的支持程度，分析财政支出在公共卫生领域是否失效的现象。考虑到数据的可得性，本书研究的重点在于广义的财政公共卫生支出，也就是说，财政公共卫生支出的具体项目包括：基本医疗卫生支出、社区的卫生服务、疾病预防及控制、卫生监督和妇幼保健、医疗机构的管理费、新农合和城镇居民基本医疗保险等制度改革的财政补助等方面的支出。

至于"公共卫生支出""政府卫生支出"和"财政公共卫生支出"，本书认为，这三者还是有区别的："公共卫生支出"可以说是国家对公共卫生方面支出的统称，除了政府卫生支出与财政公共卫生支出所包含的内容外，还包括了个人与社会组织在公共卫生方面的支出；"政府卫生支出"意味着政府在卫生领域的全部投入，不但包含政府在基本医疗服务方面的支出，还包含对营利性医疗机构的财政支持；"财政公共卫生支出"则代表财政在公共卫生领域的支出，包括用于基本医疗的支出，但不包括个人与社会组织对公共卫生的支出，也不包含政府对营利性医疗机构的支持。尽管三者的概念和内涵是有区别的（见图2-4），但由于数据的可得性，本书的财政公共卫生支出采用的是政府卫生支出的数据。

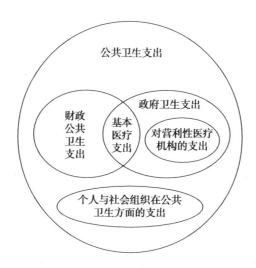

图2-4　公共卫生支出的界定

三、财政公共卫生支出绩效的含义

绩效来源于英文单词"performance"，它的原意是指表现和成绩。Mwita（2000）强调绩效是一个综合的概念，包含行为、产出和结果。[①] 从字面进行分析，绩效是绩与效的组合。绩就是业绩，强调的是工作的结果；效就是效率，是一种行为，强调工作的过程。绩效就是指完成工作的效率与效益，是组织为了实现预期目标而开展的活动在不同层面上的有效输出，是成绩与成效的综合。[②]

---

① Mwita J. I. Performance Management Model [J]. International Journal of Public Sector Management, 2000, 13（1）: 19-37.

② 袁玲，胡江娜. 企业 HRM 绩效管理研究综述 [J]. 企业导报, 2011（21）: 93.

所以，本书认为，绩效的含义应包括行为的过程和结果两个方面。对财政公共卫生支出进行绩效评价，就应评价行为过程是否合理，从行为的过程角度出发，本书对财政公共卫生支出进行维度评价；对财政公共卫生支出进行绩效评价，还应评价行为结果是否能达到预定的目标，投入是否能满足经济的需求，投入与产出是否有效率，是否对经济和社会产生影响。故本书对财政公共卫生支出绩效进行总体的绩效评价。

对财政公共卫生支出进行总体绩效考评，目的是提高公共卫生支出的使用效率，改善社会效益，促进公共卫生服务发展，提高人民身体健康。因此，对财政公共卫生支出进行绩效评价，已成为公共卫生管理的重点。

对财政公共卫生支出的绩效进行维度评价，就是对财政公共卫生支出的经济性、公平性、效率和效益进行评价。财政公共卫生支出绩效的好坏涉及全体民众的切身利益，与人民群众的基本生活质量和健康水平密切相关；对其进行维度分析，可以反映出该国公共卫生服务的质量，进而对该国公共卫生支出的规模和结构进行相应的调整；完善合理的财政公共卫生支出绩效评价体系的构建，有利于监管公共卫生资金，提高财政公共卫生支出的效率，减少侵占与浪费现象，这对于保障财政公共卫生支出的公平性，避免主观随意性和具体操作的弹性具有重要意义。

第二节　财政承担公共卫生支出的理论依据

随着生活水平的提高，人们越来越重视公共卫生服务市场，政府也开始大量干预公共卫生支出领域。那么，财政为什么要承担公共卫生支出？承担的理论依据又是什么？本节主要从公共卫生产品的属性、卫生服务市场的信息不对称以及医疗保险市场的缺陷入手，分析财政承担公共卫生支出的必要性。

一、公共卫生服务属于公共产品

萨缪尔森（Samuelson，1954）在《公共支出的纯理论》一书中将"公共产品"定义为："任何一个人消费某种物品或劳务时不会减少其他人对该种产品或劳务的消费。"[①] 公共产品的两大显著特征是"消费的非竞争性"和"受益的非排他性"，即社会的所有成员都可以对被生产出来或被提供的公共产品进行消费，而且它的供给是为社会的所有人提供服务，并且不以获取利润为最终目的。公共产品的提供可以弥补市场失效带来的社会不公，满足社会公众利益的需要，促使社会总福利和人均总福利实现最大化。经济学将其喻为"灯塔经济"，因为连穷人都可以"借光"。可也正因为如此，它很难在消费群体之中将不付费者排除出来，容易出现"免费搭车"现象，如若免费搭车者达到一定数量，社会全体成员公共利益最大化将很难实现。当然，这是市场机制所无法避免的，这就要求政府出面承担起提供公共产品的责任。公共卫生服务的内容与人们的基本生存息息相关，如传染病的预防与控制，计划免疫等，人们必然会对公共卫生服务有所需求，有所消费。从总体上来看，公共卫生服务属于公共产品的范畴。因此，为保证人民群众的基本生命健康权利，政府应通过财政介入公共卫生领域参与公共卫生产品的提供。

二、医疗卫生服务市场的信息不对称

所谓信息不对称（Asymmetry Information），是指在市场经济活动中，

---

① Samuelson P. A. The Pure Theory of Public Expenditure [J]. The Review of Economics and Statistics，1954，36（4）：387-389.

不同的经济个体之间所掌握的信息量呈不均匀、不对称的分布状态，也就是说，对某件事情，双方掌握的信息量有所区别，掌握多的一方处于比较有利的地位，掌握少的一方则处于不利的地位。这就很容易造成"逆向选择"或"道德风险"问题。但无论是逆向选择还是道德风险，对于信息量不足的一方都是不利的。在任何市场中都存在信息不对称的现象，这一结论同样适用于卫生服务市场，甚至在医疗服务市场此现象更为严重。在医疗服务市场，医生和患者对一些信息（如服务的内容、药价及后期可能产生的疗效）了解的程度不同，医生很清楚地了解患者的身体状况，可能需要的治疗方案，预期能取得的医疗结果和所需药品的价格与质量等信息，而患者对于这些方面的信息却极度缺乏，在获得卫生服务时完全处于被动状态。这就导致在医疗卫生服务市场，若医生所提供的服务与其利益紧密相关，难免会给患者做不必要的检查甚至大开处方等，也就是经济学上所说的，采用"病人无知"博弈模式，从患者和需要预防的人身上"寻租"，出现所谓的"诱导需求"问题，即医生引导患者在医疗服务和药品上消费过度，再加上医疗卫生服务市场的特殊性，患者的这种过度消费的行为又很难有一个判断标准，这就需要政府出面对此进行规制。

三、医疗保险市场的缺陷

医疗保险是以人的生命或健康作为保险标的，在人们生病、负伤或者生育时，由国家或社会或商业组织向其提供必要的医疗服务或物质帮助的制度，[①] 主要包括社会医疗保险和商业医疗保险两种。在医疗服务市场上，买方是患者，卖方是医生，第三方是政府或保险公司。医疗保险市场的缺陷就源于第三方付费。在社会医疗保险上，由于大部分由政府买单，导致患者希望医院或医生为其开大处方抑或使用一些高消费却不需要的医疗服

---

① 许谨良. 保险学 [M]. 北京：高等教育出版社，2000.

务，而医院和医生由于收益与所提供的医疗服务紧密挂钩，也非常愿意提供此类服务，最终造成负责支付的政府承担的费用越来越高；在商业医疗保险上，由于疾病风险存在不确定性，再加上人们一般对自己的身体健康充满信心，很多人会心存侥幸不投入商业医疗保险，只有那些身体状况欠佳的人，由于对自己身体状况的信息的了解程度要远远地超过保险公司所掌握的情况，则更倾向于购买保险。商业保险公司是以获取经济利益为第一目标的，因此，在接受投保前会认真分析各类人群的社会心理，以帮助公司规避风险和获得较高的保险费率。这就导致一大批生活在社会底层又受疾病困扰的民众，由于经济条件较弱，被排除在商业医疗保险的门槛之外，而他们抵御风险和自我保障的能力是相当不足的。对于他们的保障，最有效的办法就是建立以政府主导的强制性的医疗社会保障制度，而这需要政府财政来买单。

第三节　国际组织的公共卫生绩效评价框架

各个国家都高度重视对公共卫生进行绩效评价，国际组织也对自己的成员国建立了卫生系统绩效评价体系，以此来判断成员国卫生系统情况。本节主要介绍世界卫生组织和经济合作与发展组织的卫生系统绩效评价体系。

一、世界卫生组织的卫生系统绩效评价框架

WHO 从卫生系统的界定入手，对 191 个成员国建立了卫生系统绩效评价概念框架。框架指出："卫生系统的主体是所有愿意为健康活动服务的

组织、机构与资源。活动的目的就是为了改善个体与公共卫生服务，或通过地区间的合作改善健康。"① WHO 还指出，卫生系统的三大目标是健康、反应性和融资的公平性。从系统目标衍生出五大部分：健康水平、健康的分布、系统的反应性、反应性的分布及卫生系统财政负担在人群中的分布。与框架相关联的还包含卫生服务的效果、效率、反应性、公平性、健康目标的完成情况五个概念。其中，效果通过人群健康调查期望寿命来衡量，效率通过现有的资源下达到系统监控目标的程度（即实际达到目标与可能达到最高目标的比值）来测量，反应性通过接受卫生服务时对卫生服务环境的感受来表示，具体通过关键知情人调查法来测评其实际水平与分布。公平性则通过 2 岁以下儿童生存概率的分布来评价健康状况。卫生系统财政负担的公平性通过每个家庭支付健康费用的总额与家庭支付能力（去掉食物消费后的所有家庭收入）的比重来表现。如果全部家庭的比值是一样的，且该结果无关家庭的健康状况和使用医疗系统的情况，那么据此可判定该卫生系统的财政是公平的。融资的公平性通过卫生费用负担的公平性指数来反映。健康目标的完成情况用概念框架五个部分的加权和来表示。

二、经济合作与发展组织卫生系统绩效评价体系

经济合作与发展组织（OECD）为了比较国家之间卫生服务的质量，特开发了经济合作与发展组织（OECD）卫生服务质量指标（Health Care Quality Indicator，HCQI）以及相关概念框架，卫生系统在框架中被界定为"保持公平有效的卫生服务系统但不强调非卫生服务的影响因素"。② 这比

---

① WHO. Health Systems：Improving Performance ［M］//The World Health Report 2000. London：London School of Hygiene and Tropical Medicine，2001.

② Arah O. A. A Conceptual Framework for The OECD Health Care Quality Indicators Project ［J］. Int J Qual Health Care，2006（18）：5-13.

世界卫生组织（WHO）的界定范围相对要小些。与世界卫生组织（WHO）设定的目标相似，经济合作与发展组织（OECD）也设置了卫生系统的三大目标，即改善健康、提高反应性与健康融资的公平性。从系统目标衍生出的五个部分包括：卫生服务的效果、反应性、安全性、宏观与微观效率、可及性。有所不同的是，可及性在WHO的框架中是作为反应性的决定因素，但在经济合作与发展组织（OECD）的框架中，其只是反应性的一个重要组成部分。世界卫生组织（WHO）的框架所强调的公平性，在经济合作与发展组织（OECD）的框架中不是以单一的维度，而是以五个维度的交叉维度的形式存在，此外，经济合作与发展组织（OECD）的概念框架还将卫生服务分为健康保持（疾病预防和健康促进）、健康改善和恢复（急性病），疾病和残疾的管理（慢性病及由此导致的功能丧失）以及临终应对这四大类。

从世界卫生组织（WHO）和经济合作与发展组织（OECD）制定的卫生系统绩效评价体系来看，两者所表达的概念及维度构成有所不同，但概念所反映的内涵基本上是相似的。与国际组织制定的卫生系统绩效评价框架相比，一个国家的卫生系统绩效评价体系更强调卫生系统的全过程，不仅包括终极目标，还包括中间目标。

第三章
中国财政公共卫生支出的历史与现状

公共卫生支出是决定卫生服务是否满足国民需要的重要因素之一。"一国的财政公共卫生支出应根据本国经济的发展水平以及国民对公共卫生服务的切实需求，本着促进公共卫生事业发展的原则，以公平、低成本、满意度等为目标，统筹区域分配和结构分配，使最广大的民众都能从公共卫生服务中受益。"① 那么，如何判断我国财政公共卫生支出规模是否适宜，结构是否合理? 这成为各国发展公共卫生服务事业时必须考虑的问题。本章首先回顾我国公共卫生发展的进程；其次，对我国财政公共卫生支出的规模进行分析，分别从财政公共卫生支出的绝对规模、相对规模、弹性系数和国际比较进行论证；再次，在此基础上，对我国财政公共卫生支出的结构进行分析，主要从财政公共卫生支出的使用结构、分配结构、政府分级负担结构和国际比较四方面进行论证；最后，提出当前我国财政公共卫生支出存在的主要问题。

第一节　中国公共卫生发展的进程

公共卫生起源于人类对健康的认识和需求。早期的公共卫生概念和实践产生于人类对农业革命副作用的应急反应，现代公共卫生的理论与实践

---

① 陈共，王俊. 论财政与公共卫生 [M]. 北京：中国人民大学出版社，2007：83.

产生于人类对科学革命和工业革命副作用的应对反应。如今，公共卫生已经成为现代化国家最重要的功能之一。[①] 中华人民共和国成立以来，伴随着我国经济社会体制改革，公共卫生的产生和发展经历了三个阶段：一是1949~1979年，这一时期全国性的公共卫生体系基本建立，但也只能是广覆盖、低水平的，满足的是人类生存的最基本的卫生需求；二是1980~2003年，我国正式启动医疗改革，但本次的医改并没有把我国卫生领域推进发展的轨道；三是2004年以后，国家在经历了几次大的公共卫生危机事件后，开始"新医改"方案的艰辛探索。本书分别对我国公共卫生发展的三个阶段的历史背景、政策变迁、发展概况进行归纳总结，并作简单的评析。

一、计划经济时期全国性公共卫生体系的基本建立

中国公共卫生的开展最早始于1910年伍连德领导的东北三省防治鼠疫行动。这次防疫行动客观上为国家教育出了一批公共卫生人才，同时也为我国城乡社区公共卫生开展模式摸索积累了经验。但这次的行动，从根本上来讲是为少数统治阶级服务的。公共卫生在中国的全面开展真正始于1949年中华人民共和国成立之后。

中华人民共和国成立后，由于长期战乱和分裂，整个社会流行性疾病泛滥，新生儿死亡率高甚至还有敌人的细菌战，当时的中央政府面对种种卫生问题，提出了卫生运动的四大工作方针："面向工农兵、预防为主、团结中西医、卫生工作与群众运动相结合"[②]，希望通过妇幼保健制度和医院分片负责制度的建立，健全卫生防疫机构、地方病防

---

① 黄建始撰写的《公共卫生的起源和定义》。

② 在1950年和1952年由中央人民政府卫生部召开的第一、第二次全国卫生会议肯定了"预防为主"方针的正确性，另外，还先后补充了三条方针，最终确定为："面向工农兵""预防为主""团结中西医""卫生工作与群众运动相结合"的四条方针。

治机构、国境卫生检疫机构和爱国卫生运动委员会，大力开展农村合作医疗及群众卫生运动，从而使环境卫生达到改善，传染病传播途径大幅减少。

从 1953 年到 1965 年，我国的公共卫生体系基本建立起来并逐步完善。在此期间，鼠疫得到基本控制，一些比较严重的传染病和地方病（如霍乱、结核病）明显减少，新生儿的发病率和死亡率也大幅下降。从 1953 年到 1979 年，人口死亡率从 14‰下降到 6.21‰。[①] 在如此落后的经济条件下，中国卫生医疗事业取得辉煌成果，令全世界刮目相看。1978 年，国际初级卫生保健大会在阿拉木图召开并订立了《阿拉木图宣言》，当时的世界卫生组织总干事哈夫丹·马勒博士所推荐的"中国模式"，成为当时发展中国家推行初级卫生保健的学习典范。

事实上，世界卫生组织积极推销的"中国模式"在财政投入上是很"廉价"的。这从卫生事业投入的经费就可以看到。在前四个五年计划中，中国卫生事业费与卫生基本建设投资投入都较低。"一五"期间，卫生事业费为 14.55 亿元，占国家财政支出的 1.08%，卫生基本建设投资为 6.48 亿元，占全国基建投资总额的 1.1%；"二五"期间，这两个比例为 1.02% 和 0.4%；"三五"期间，这两个比例为 1.77% 和 0.63%；"四五"期间，这两个比例为 1.67% 和 0.34%。[②] 可见，中华人民共和国成立初期所建立起来的卫生服务体系是建立在资金有限约束的基础上的，普及面广，在经济、社会等各方面条件都很落后的背景下，可以说是"积极有效的"，但这样的卫生服务体系也只能是广覆盖、低水平的，满足的是人类生存的最基本的卫生需求。

---

① 数据来源于国家统计局网站国家数据. https：//data. stats.
② 参见中华人民共和国卫生部《1996 年中国卫生统计提要》。

二、改革开放初期医疗改革的初步试水

1978 年，党的十一届三中全会胜利召开，正式拉开了中国改革的序幕。党的十一届三中全会后，国家制定了相关的卫生标准，完备了公共卫生立法，对卫生监测加强监督职能，使得国家卫生事业逐渐迈入法制化的新阶段。

1985 年，我国正式启动医改，此次医疗改革的重点是增加卫生服务的供给，通过提高各卫生单位的积极性与主动性，搞活其内部的运行机制。这一时期我国卫生工作的方针是："预防为主，依靠科技进步，动员全社会参与，中西医并重，为人民健康服务。"① 但本次医改的一大诟病就是忽视了卫生事业的公益性，政府对卫生事业的投入越来越少，各医疗机构成为经济利益的主体，逐利成了医疗机构的通病，这容易导致严重的后果。

医改后，我国的卫生状况面临着非常严峻的形势。1985 年，我国在发现第一例艾滋病后，该疾病迅速蔓延；已几乎消失的血吸虫病又卷土重来……到 20 世纪 90 年代，中国健康领域许多并不光彩的数据开始位居世界前列：乙肝病毒携带者数量世界第一，肺结核患者世界第二，性病、艾滋病传播加速；农村医疗保障系统接近瘫痪；医患矛盾十分突出，因病致贫、因病返贫现象频繁发生。体制性问题日益彰显。显然，本次的医改并没有把我国卫生领域推进健康发展的轨道。

在这种表象下，我们来考察下这一阶段我国财政公共卫生支出情况。根据世界银行《1993 年世界发展报告：投资于健康》报道，1990 年全世界医疗卫生保健总支出大约占全世界经济总量的 8%，其中，发达国家的卫生保健总支出占世界卫生总支出的 87%，而中国的占世界卫生总支出比

---

① 参见 1991 年全国人大第七次会议报告。

重只有1%~3%。① 1978年中国的卫生总费用在国民经济中所占比重为3.04%，1989年为3.64%，进入20世纪90年代以后，该比值开始上升，达到4.12%，经过四年低谷期之后，反弹为1997年的4.29%，1998年的4.70%和1999年的4.93%。1999年第一次达到并超过了世界卫生组织规定的最低标准（5%），达到5.13%。② 尽管如此，到了2000年，世界卫生组织对全球191个成员国的卫生体系及其绩效进行调查并做出评价，中国与巴西、缅甸和塞拉利昂，在有关"用于卫生体系的财务负担在国民中的分布状况"的评价中排名最后，被评为世界公共卫生资源分配最不公平、分布最不平衡的国家。

很显然，改革开放的成功，使中国在20世纪末提前实现了GDP翻两番的经济增长目标。但是，医疗改革的本次试水，财政公共卫生支出的"吝啬"，客观上也必然导致中国卫生事业偏离世界卫生组织提出的"人人享有卫生保健"的社会发展目标。

三、当前"新医改"方案的艰辛探索

2003年，"非典型肺炎"（简称"非典"）这一致命性的传染病在中国多个省份大规模暴发，并波及世界上其他许多国家和地区。全国人民，甚至可以说全人类面对这一疾病都陷入了恐慌之中。由于病毒的发展有自身的规律，而在人类的社会生活中，新的疾病乃至灾难的出现都是很正常的。对于人类而言，只要能够对相关疾病的运行规律进行充分的研究和了解，并能采取有效的措施应对，新的疾病在人类面前也并非不可战胜。但是，"非典"出现，并在短短的数个月内大肆蔓延，充分表明我们在新的疾病面前未能采取有效应对的措施，这凸显出中国公共卫生体系的脆

---

① 世界银行. 1993年世界发展报告：投资于健康［M］. 北京：中国财政经济出版社，1993.
② 资料来源于中华人民共和国卫生部《2004年中国卫生统计年鉴》。

弱性。

"非典"危机让人们认识到，原来公共卫生的事业不仅局限于卫生领域，它会对经济、社会乃至其他领域产生重大的影响，甚至关切国家安全。在反思抗击"非典"斗争的历程中，中国工程院院士钟南山对新华社记者说："非典强烈冲击了过去一些错误观念，使人们开始重新思考什么是真正的发展。"甚至有卫生官员这样描述中国基层的卫生机构：县级以下只有 1/3 较为正常地运转，另外 1/3 正在瓦解的边缘挣扎，还有 1/3 已经垮掉。① 2003 年 7 月，吸取了 SARS 危机的惨痛教训，并取得抗击非典阶段性胜利的中国政府，明确承诺：中国将争取用 3 年左右，建立健全突发公共卫生事件应急机制，疾病预防控制体系和卫生执法监督体系。2003年 10 月，党的十六届三中全会再次强调，要提高政府应对突发事件和风险的能力。2003 年成为中国全面加强应急管理研究的起步之年。

2005 年，禽流感再次肆虐，我国公共卫生体系的脆弱性再次暴露在世人的面前。国务院发展研究中心在《关于医疗体制改革的报告》中明确宣告："我国的医改基本不成功。"公共卫生的重要性开始受到前所未有的关注，财政理论界也就是在这个时候才开始从公共财政的视角对公共卫生支出进行研究。

2009 年，甲型 H1N1 流感开始肆虐。面对一次次出现的惨痛代价和教训，中国政府对公共卫生体系的弊端进行了全面的检讨和反思。中国政府深刻地认识到政府在公共卫生事业中所应扮演的角色以及所应承担的主体责任。2009 年 4 月，《中共中央　国务院关于深化医药卫生体制改革的意见》（简称"新医改"）出台，"新医改"摈弃了之前改革过度市场化的做法，明确了政府在提供公共卫生和基本医疗服务中的主导地位，并投入8500 亿元支持公共卫生服务体系等五项改革。2010 年，全国财政医疗卫生

---

① 王绍光. 中国公共卫生的危机与转机 [C]. 清华大学国情研究中心专题资料汇编国情报告, 2003.

支出为4804.18亿元，比2009年增长了20.3%，占全国财政支出的5.3%，而中央财政医疗卫生支出累计达到2490亿元。此外，医改的覆盖面也得到大幅拓宽。

2011年，卫生部提出了"十二五"卫生发展总体目标："把基本医疗卫生制度作为公共产品向全民提供……加强公共卫生服务体系建设，扩大国家基本公共卫生服务项目。"国家在"十二五"期间切实增加对公共卫生的投入，保证公共卫生这一公共产品供给的主体责任。2012年，全国财政医疗卫生支出为7245.11亿元，比2011年增长12.7%。公立医院改革逐步推行，但出于医生收受红包、医院收费不合理及医生服务态度差等原因，公立医院仍屡遭诟病，改革之路任重道远。

2013年，党的十八届三中全会提出："财政是国家治理的基础和重要支柱，科学的财税体制是优化资源配置、维护市场统一、促进社会公平、实现国家长治久安的制度保障。""要实现发展成果更多更公平惠及全体人民，必须加快社会事业改革，解决好人民最关心最直接最现实的利益问题，更好满足人民需求。要……深化医药卫生体制改革。"[1]党的十八届三中全会明确提出，国家将通过优化财政资源配置，深化医药卫生体制改革，满足人民群众的现实需求。

2014年，国家卫计委颁布了《关于做好2014年国家基本公共卫生服务项目工作的通知》，文件在以下几个方面作出了明确规定：提高经费标准调整优化服务项目，将人均基本公共卫生服务经费补助标准由30元提高到35元，在巩固现有服务项目的基础上不断增加新的服务类别；明确了2014年的工作任务目标，将具体的工作任务目标进行分解细化；要求加强项目管理，不仅要通过各种媒体宣传基本公共卫生服务项目，还要求进一步健全基本公共卫生服务项目的考核机制。2015年，党的十八届五中全会通过了"十三五"规划并要求"坚持共享发展，着力增进人民福祉，推进

---

① 参见《中国共产党第十八届中央委员会第三次全体会议公报》。

健康中国建设"，再次强调要"深化医药卫生体制改革，理顺药品价格，实行医疗、医保、医药联动，建立覆盖城乡的基本医疗卫生制度和现代化医院管理制度"。① 2016 年，国务院办公厅印发了《深化医药卫生体制改革 2016 年重点工作任务》，文件提出人均基本公共卫生服务经费财政补助标准提高到 45 元，优化现有服务项目，扩大服务覆盖面；加强项目绩效考核，完善考核方式，实行考核结果与经费拨付挂钩。2016 年，全国卫生与健康大会再次强调："没有全民健康，就没有全面小康。要把人民健康放在优先发展的战略地位，加快推进健康中国建设。"不可否认的是，新医改自 2009 年启动以来，我国卫生事业取得了长足的进步。公共卫生服务和应急医疗救治能力普遍提高，基层卫生服务体系建设得到加强，基本医保总体实现全覆盖，群众看病就医的经济风险得到缓解，国家基本公共卫生服务项目全面实施。由此可见，财政公共卫生将承担起更大的历史责任，加强财政公共卫生支出的绩效研究也更加重要和紧迫。

第二节　中国财政公共卫生支出的规模分析

财政支出规模是指政府在一定时间内齐集、占有和运用财政资源的数量状况，一般表现为财政支出的总量。财政支出总量又以支出数的绝对额或财政支出占国民收入的相对量来表现。所以，衡量财政公共卫生支出的规模，本节主要通过评价其绝对规模和相对规模的变化来体现，而衡量绝对规模和相对规模增长是否适宜，则主要通过公共卫生支出增长弹性系数来反映。同时，为了更为直观地评价我国公共卫生支出的规模与增长速度是否适宜，本节还进行了国际的横向比较。

---

① 参见《中共中央关于制定国民经济和社会发展第十三个五年规划的建议》。

一、财政公共卫生支出绝对规模的变化

财政公共卫生支出的绝对规模，即一国在某一时期内公共卫生支出的绝对数额。卫生部从 1993 年开始在全国范围内每 5 年开展一次国家卫生服务调查，政府相关部门通过调查可以掌握城乡人口的健康情况，卫生服务使用状况、医疗保健开销及负担等信息。2018 年，从第六次国家卫生服务调查研究的分析报告中①，我们可以看到，我国医疗卫生服务事业取得了巨大的进步：居民卫生服务可及性得到提高，医保覆盖率和利用率稳步提升，医疗费用增长速度趋缓，重点人群健康管理大幅改善，群众"看病难、看病贵"问题有所缓解。在短短的十几年里，之所以能取得如此显著的成就，这与政府对公共卫生支出的投入是息息相关的。

表 3-1 反映了 2000 年以来我国财政公共卫生支出绝对规模的变化情况，可以看到，我国财政公共卫生支出的绝对规模迅速增长，从 2000 年的 709.52 亿元，到 2018 年增长到 16399.13 亿元，增长了 22 倍。

表 3-1　我国财政公共卫生支出绝对规模

年份	公共卫生服务经费（亿元）	公费医疗经费（亿元）	财政公共卫生支出（亿元）
2000	498.52	211	709.52
2001	564.86	235.75	800.61
2002	656.85	251.66	908.51
2003	796.4	320.54	1116.94
2004	921.98	371.6	1293.58
2005	1099.22	453.31	1552.53
2006	1176.33	602.53	1778.86

---

① 参见《2018 年全国第六次卫生服务统计调查报告》。

续表

年份	公共卫生服务经费（亿元）	公费医疗经费（亿元）	财政公共卫生支出（亿元）
2007	1624.56	957.02	2581.58
2008	2016.84	1577.1	3593.94
2009	2814.75	2001.51	4816.26
2010	3401.37	2331.12	5732.49
2011	4103.4	3360.78	7464.18
2012	4642.84	3789.14	8431.98
2013	5116.99	4428.82	9545.81
2014	5620.70	4958.53	10579.23
2015	6652.29	5822.99	12475.28
2016	7413.11	6497.20	13910.31
2017	8198.36	7007.51	15205.87
2018	8603.56	7795.57	16399.13

　　资料来源：根据 2001~2012 年《中国卫生统计年鉴》、2013~2017 年《中国卫生和计划生育统计年鉴》、2018~2019 年《中国卫生健康统计年鉴》计算得来，表中数字是按当年价格计算的，其中 2001 年起公共卫生服务经费中不含高等医学教育经费，2006 年包括医疗救助经费。

　　从图 3-1 中可知，到了 2009 年不管是公共卫生服务经费还是财政公共卫生支出，其规模均迅速增长。尤其是 2003 年"非典"暴发，2005 年禽流感再次肆虐，2009 年甲型 H1N1 流感的大流行，这些突发性的大规模疫情引起国家的高度重视，因此，在 2003 年以后我国的公共卫生支出飞速增长。

　　财政公共卫生支出绝对规模的增长对我国公共卫生事业必定带来巨大的影响。从表 3-2 中可知，2000~2018 年，卫生人员数从 6910383 人增加到 12300325 人，专业公共卫生机构数从 11386 个增加到 18033 个，专业公共卫生机构床位数从 11.86 万张增加了 15.58 万张，达到 27.44 万张。

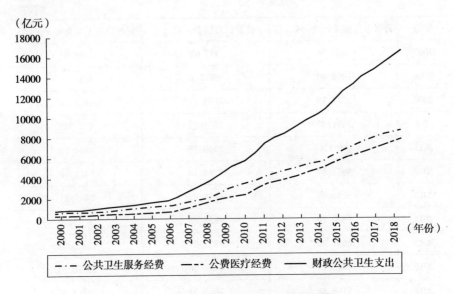

图 3-1　我国财政公共卫生支出绝对规模

资料来源：根据表 3-1 数据绘制。

表 3-2　2000~2018 年公共卫生机构数及卫生人员情况

年份	专业公共卫生机构数 （个）	卫生人员数 （人）	专业公共卫生机构床位数 （万张）
2000	11386	6910383	11.86
2001	11471	6874527	12.02
2002	10787	6528674	12.37
2003	10792	6216971	12.61
2004	10878	6332739	12.73
2005	11177	6447246	13.58
2006	11269	6681184	13.5
2007	11528	6964389	13.29
2008	11485	7251803	14.66
2009	11665	7781448	15.4
2010	11835	8207502	16.45

续表

年份	专业公共卫生机构数 （个）	卫生人员数 （人）	专业公共卫生机构床位数 （万张）
2011	11926	8616040	17.81
2012	12083	9115700	19.82
2013	31155	9790483	21.49
2014	35029	10234213	22.30
2015	31927	10693881	23.63
2016	24866	11172945	24.72
2017	19896	11748972	26.257
2018	18033	12300325	27.44

资料来源：根据 2001～2019 年《中国统计年鉴》、2001～2012 年《中国卫生统计年鉴》、2013～2017 年《中国卫生和计划生育统计年鉴》、2018～2019 年《中国卫生健康统计年鉴》计算得来。

伴随着财政的支持、人员的增加和设施的改善，我国的整体卫生状况也发生改变，人们的健康状况也相应得到改善，国民平均寿命从 2000 年的 71.4 岁增长到 2015 年的 76.34 岁。表 3-3 反映了 2000～2018 年我国的整体卫生状况，2000 年人口出生率为 14.03‰，人口死亡率为 6.45‰，人口自然增长率为 7.58‰，孕产妇死亡率为 53.0/100000，新生儿死亡率为 22.80‰，婴儿死亡率为 32.20‰，5 岁以下儿童死亡率为 39.70‰。到 2018 年，人口出生率为 10.86‰，人口死亡率为 7.08‰，人口自然增长率为 3.78‰，孕产妇死亡率为 16.6/100000，新生儿死亡率为 3.90‰，婴儿死亡率为 6.10‰，5 岁以下儿童死亡率为 8.40‰。18 年间人口出生率和人口自然增长率有所下降，除了人口死亡率略微提升外，孕产妇死亡率、新生儿死亡率、婴儿死亡率和 5 岁以下儿童死亡率均大幅降低。

表 3-3 2000~2018 年我国整体卫生状况 单位:‰

年份	人口出生率	人口死亡率	人口自然增长率	孕产妇死亡率（1/100000）	新生儿死亡率	婴儿死亡率	5 岁以下儿童死亡率
2000	14.03	6.45	7.58	53.00	22.80	32.20	39.70
2001	13.38	6.43	6.95	50.20	21.40	30.00	35.90
2002	12.86	6.41	6.45	43.20	20.70	29.20	34.90
2003	12.41	6.40	6.01	51.30	18.00	25.50	29.90
2004	12.29	6.42	5.87	48.30	15.40	21.50	25.00
2005	12.40	6.51	5.89	47.70	13.20	19.00	22.50
2006	12.09	6.81	5.28	41.10	12.00	17.20	20.60
2007	12.10	6.93	5.17	36.60	10.70	15.30	18.10
2008	12.14	7.06	5.08	34.20	10.20	14.90	18.50
2009	11.95	7.08	4.87	31.90	9.00	13.80	17.20
2010	11.90	7.11	4.79	30.00	8.30	13.10	16.40
2011	13.27	7.14	6.13	26.10	7.80	12.10	15.60
2012	14.57	7.13	7.43	24.50	6.90	10.30	13.20
2013	13.03	7.13	5.90	23.20	6.30	9.50	12.00
2014	13.83	7.12	6.71	21.70	5.90	8.90	11.70
2015	11.99	7.07	4.93	20.10	5.40	8.10	10.70
2016	13.57	7.04	6.53	19.90	4.90	7.50	10.20
2017	12.64	7.06	5.58	19.60	4.48	6.77	9.05
2018	10.86	7.08	3.78	16.60	3.90	6.10	8.40

资料来源：国家统计局，2000 年和 2010 年的数据为当年人口普查数据的推算数，其他年份的数据则为年度人口抽样调查推算数据，总人口包括现役军人。

二、财政公共卫生支出相对规模的变化

从卫生经济学角度评价财政公共卫生支出的相对规模，通常有三个指

标：一是"公共卫生支出占卫生总费用的比重"，表示一个国家（或地区）在一定时期内卫生服务所耗费的公共资源与全部资源之间的关系；二是"公共卫生支出占 GDP 的比重"，表明一个国家（或地区）在一定时期内卫生服务所消耗的公共资源占该国家（或地区）社会经济产出的比重；三是"公共卫生支出占财政支出的比重"，说明一个国家（或地区）在一定时期内公共资源总的消耗中，卫生服务同其他公共服务相比的相对重要程度①。

（一）公共卫生支出占卫生总费用的比重

在探讨公共卫生支出占卫生总费用的比重之前，我们先分析这 18 年卫生总费用的变化情况，我们采用的评价指标是卫生总费用占 GDP 的比重。卫生总费用（Total Health Expenditure，THE）是一个国家（或地区）的卫生市场在一定时期内（通常为 1 年），运行卫生服务时所筹集或支出的卫生资源的货币表现。② 政府、社会和居民个人在一定经济条件下，对卫生保健的重视程度和费用承担情况，以及卫生筹资模式的主要特征和卫生筹资的公平性、合理性通过卫生总费用的情况能够得到真实的反映。③

如图 3-2 所示，2000 年以来的大部分年份，中国卫生总费用在国内生产总值中所占比重一直在 4.5%~5% 徘徊，2000 年为 4.57%，在迂回上升了几年后，到 2007 年突然下降到 4.29%。到了 2009 年该比值又开始回升，突破到 5.03%，2010 年降到 4.85% 后，此后呈缓慢上升趋势，到了 2016 年，达到 6.21%。从总趋势来看，我国卫生总费用在国内生产总值中所占比重表现为一种迂回上升的态势。

---

① 赵郁馨，高广颖和杜乐勋. 中国卫生总费用发展变化趋势及其影响因素 [J]. 卫生经济研究，2000（1）：7-9.
② 卫生部卫生经济研究所. 中国卫生费用核算研究报告 [M]. 北京：人民卫生出版社，2011.
③ 程晓明. 卫生经济学（第 2 版）[M]. 北京：人民卫生出版社，2007：126-140.

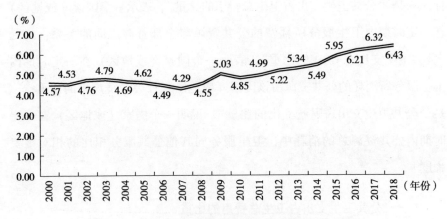

图 3-2　中国卫生总费用在国内生产总值中所占比重

资料来源：根据国家统计局相关数据计算得来。

在卫生总费用迂回上升的态势下，2000~2018 年，我国公共卫生支出占卫生总费用的比重又呈现出怎样的变化趋势？表 3-4 列出了在这期间各个年度我国公共卫生支出占卫生总费用的比重情况。

表 3-4　2000~2018 年我国公共卫生支出占卫生总费用的比重情况

年份	卫生总费用（亿元）	公共卫生支出（亿元）	公共卫生支出/卫生总费用（%）
2000	4586.63	709.52	15.47
2001	5025.93	800.61	15.93
2002	5790.03	908.51	15.69
2003	6584.1	1116.94	16.96
2004	7590.29	1293.58	17.04
2005	8659.91	1552.53	17.93
2006	9843.34	1778.86	18.07
2007	11573.97	2581.58	22.31
2008	14535.4	3593.94	24.73

续表

年份	卫生总费用 （亿元）	公共卫生 支出（亿元）	公共卫生支出/ 卫生总费用（%）
2009	17541.92	4816.26	27.46
2010	19980.39	5732.49	28.69
2011	24345.91	7464.18	30.66
2012	28119	8431.98	29.99
2013	31668.95	9545.81	30.14
2014	35312.4	10579.23	29.96
2015	40974.64	12475.28	30.45
2016	46344.88	13910.31	30.01
2017	52598.28	15205.87	28.91
2018	59121.91	16399.13	27.74

资料来源：国家统计局。

从表3-4中可以看出，2000~2015年，我国公共卫生支出占卫生总费用的比例呈逐渐上升的趋势，尤其到了2003年以后，受"非典""禽流感""甲型H1N1流感"的影响，政府认识到公共卫生是政府的基本责任，财政应为其提供经济保障，因此大幅增加了公共卫生支出规模。公共卫生支出从2003年的1116.94亿元，占卫生总费用的16.96%，扩大到2018年的16399.13亿元，占卫生总费用的27.74%。短短15年的时间，增加了15282.19亿元。另外，从国家统计局的数据来看：2000年，我国总人口为126743万人，城镇人口为45906万人，乡村人口为80837万人，人均卫生费用为361.88元，其中，城市人均卫生费用为812.95元，农村人均卫生费用为214.93元；2018年，我国总人口为140541万人，城镇人口为86433万人，乡村人口为54108万人，人均卫生费用为4237.00元；2016年，城市和农村人均卫生费用分别是4471.50元和1846.10元。尽管2018年城市和农村人均卫生费用缺失，但是从2016年的数据足以看出，这十几年间，我国卫生总费用及公共卫生支出均保持迅速增长，但它们的增长并没有带来人均卫生费用的降低，反而带来人均卫生费用的增长。2000年至2016年，农村人均卫生费用远低于城市人均卫生费用，且农村人均卫生费用的增长幅度（8.59倍）远高于城市人均卫生费用的增长幅度（5.5倍）。这说明我国对公共卫生事业投入仍然不足，居民在卫生方面的负担依然较重，且城市与农村存在不公平现象。

（二）公共卫生支出占国内生产总值的比重

从2000年至2018年，公共卫生支出占卫生总费用的比例逐渐上升，是否意味着公共卫生支出占国内生产总值及财政支出的比重也呈上升趋势（见表3-5）。

表3-5 2000年以来我国公共卫生支出占GDP和财政支出的比重变化情况

年份	GDP（亿元）	财政支出（亿元）	公共卫生支出（亿元）	公共卫生支出/GDP（%）	公共卫生支出/财政支出（%）
2000	100280.1	15886.5	709.52	0.71	4.47
2001	110863.1	18902.58	800.61	0.72	4.24
2002	121717.4	22053.15	908.51	0.75	4.12
2003	137422.0	24649.95	1116.94	0.81	4.53
2004	161840.2	28486.89	1293.58	0.80	4.54
2005	187318.9	33930.28	1552.53	0.83	4.58
2006	219438.5	40422.73	1778.86	0.81	4.40
2007	270092.3	49781.35	2581.58	0.96	5.19
2008	319244.6	62592.66	3593.94	1.13	5.74
2009	348517.7	76299.93	4816.26	1.38	6.31
2010	412119.3	89874.16	5732.49	1.39	6.38
2011	487940.2	109247.79	7464.18	1.53	6.83
2012	538580.0	125952.97	8431.98	1.57	6.69

续表

年份	GDP （亿元）	财政支出 （亿元）	公共卫生支出 （亿元）	公共卫生 支出/GDP（%）	公共卫生支出/ 财政支出（%）
2013	592963.2	140212.1	9545.81	1.61	6.81
2014	643563.1	151785.56	10579.23	1.64	6.97
2015	688858.2	175877.77	12475.28	1.81	7.09
2016	746395.1	187755.21	13910.31	1.86	7.41
2017	832035.9	203085.49	15205.87	1.83	7.49
2018	919281.1	220904.13	16399.13	1.78	7.42

资料来源：根据 2001~2019 年《中国统计年鉴》、2001~2012 年《中国卫生统计年鉴》、2013~2017 年《中国卫生和计划生育统计年鉴》、2018~2019 年《中国卫生健康统计年鉴》计算得来。

从表 3-5 中可知，2000 年以后，我国经济飞速发展，不管是国内生产总值、财政支出，还是公共卫生支出，均呈现不断增长的态势。根据表 3-5 计算，十几年来，在 GDP 增长 8.17 倍、财政支出增长 12.91 倍的情况下，公共卫生支出增长了 22.11 倍，远高于 GDP 和财政支出的增长，但是，公共卫生支出占 GDP 的比重增幅并不大，最低的为 2000 年的 0.71%，到 2008 年才有所突破，达到 1.13%，最高的为 2016 年的 1.86%。

（三）公共卫生支出占财政支出的比重

从表 3-5 中可知，公共卫生支出占财政支出的比重几次出现下降的趋势，从 2000 年的 4.47% 下降到 2002 年的 4.12%，其后有所回升，2005 年达到 4.58%，到 2006 年又下降到 4.4%，2007 年有所突破，达到 5.19%，接下来几年一直呈缓慢上升态势，到 2018 年达到 7.42%。可见，在 2000 年以后，公共卫生支出占国内生产总值和财政支出的比重均有缓慢的增长，但增长的幅度十分有限（见图 3-3）。

图3-3　公共卫生支出占国内生产总值和财政支出的比重

资料来源：根据表3-5数据绘制。

三、财政公共卫生支出弹性系数分析

衡量公共卫生支出的规模除了绝对规模和相对规模外，还可通过公共卫生支出弹性系数的计算来衡量。经济学中的弹性是指因变量对自变量变化的反应的敏感程度。一般用弹性系数来衡量弹性的大小。弹性系数（Elastic Coefficient）是一定时期内互相联系的两个经济指标增长速度的比率，它是衡量因变量的增长幅度相应于自变量增长幅度的依存关系。弹性系数 = y 变动的百分比／x 变动的百分比。那么，财政公共卫生支出弹性系数的计算公式如下：

财政公共卫生支出的变动量 =（本年财政公共卫生支出 - 上年财政公共卫生支出）／上年财政公共卫生支出×100%　　　　　　　　　　　　　　　　（3-1）

财政支出的变动量 =（本年财政支出 - 上年财政支出）／上年财政支出×100%　　　　　　　　　　　　　　　　　　　　　　　　　　　　（3-2）

GDP 的变动量=(本年 GDP-上年 GDP)/上年 GDP×100%　　　(3-3)

卫生总费用的变动量=(本年卫生总费用-上年卫生总费用)/上年卫生总费用×100%　　　　　　　　　　　　　　　　　　　　　(3-4)

财政公共卫生支出相对于 GDP 的弹性系数=财政公共卫生支出的变动量/GDP 的变动量　　　　　　　　　　　　　　　　　　　(3-5)

财政公共卫生支出相对于财政支出的弹性系数=财政公共卫生支出的变动量/财政支出的变动量　　　　　　　　　　　　　　　(3-6)

财政公共卫生支出相对于卫生总费用的弹性系数=财政公共卫生支出的变动量/卫生总费用的变动量　　　　　　　　　　　　　(3-7)

如果公共卫生支出弹性系数大于 0，说明随着 GDP、财政支出、卫生总费用的变化，公共卫生支出的变化与 GDP、财政支出、卫生总费用的变化方向相同，小于零，则相反；如果弹性系数大于 1，说明随着 GDP、财政支出、卫生总费用的变化，公共卫生支出的变化幅度要大于 GDP、财政支出、卫生总费用，小于 1 则说明 GDP、财政支出、卫生总费用的变化幅度小于公共卫生支出的变化幅度；如果弹性系数等于 1，说明公共卫生支出与 GDP、财政支出、卫生总费用变化的幅度一致（见表 3-6）。

表 3-6　财政公共卫生支出弹性系数

年份	对 GDP 的弹性	对财政支出的弹性	对卫生总费用的弹性
2000	1.00	0.52	0.80
2001	1.22	0.68	1.34
2002	1.38	0.81	0.89
2003	1.78	1.95	1.67
2004	0.89	1.02	1.03
2005	1.27	1.05	1.42
2006	0.85	0.76	1.07
2007	1.95	1.95	2.57

年份	对 GDP 的弹性	对财政支出的弹性	对卫生总费用的弹性
2008	2.15	1.52	1.53
2009	3.71	1.55	1.64
2010	1.04	1.07	1.37
2011	1.64	1.40	1.38
2012	1.25	0.85	0.84
2013	1.31	1.17	1.05
2014	1.27	1.31	0.94
2015	2.55	1.13	1.12
2016	1.38	1.70	0.88
2017	0.81	1.14	0.69
2018	0.75	0.89	0.63

资料来源：根据 2001～2019 年《中国统计年鉴》、2001～2012 年《中国卫生统计年鉴》、2013～2017 年《中国卫生和计划生育统计年鉴》、2018～2019 年《中国卫生健康统计年鉴》计算得来。

表3-6反映了2000～2018年财政公共卫生支出对GDP、财政支出和卫生总费用的弹性系数变化情况。可以看到，2000～2018年财政公共卫生支出弹性都大于0，说明财政公共卫生支出随着国内生产总值、财政支出和卫生总费用的增长也随之增加，这与卫生发展的一般规律是相吻合的。

总体来看，财政公共卫生支出对GDP、财政支出和卫生总费用基本上是富于弹性的，相对GDP而言，除了2004年、2006年、2017年和2018年外，其他的年份公共卫生支出随着GDP的增长也相应增长，并保持了不低于GDP的增长率。值得注意的是，2009年新医改方案实施，财政公共卫生支出对GDP的弹性系数是3.71，达到最高，而2010年以后该比率就没超过3.0。财政公共卫生支出相对于财政支出的弹性系数，可以简单地分为两个阶段。第一阶段为2000～2002年，这期间公共卫生支出的增长速度要低于财政支出的增长速度。第二阶段为2003～2018年，这期间公共卫生支出的增长速度要高于财政支出的增长速度，个别年份（2006年、2012年、2018年）除外。2003年后，两者的比值大部分在1以上波动，意味着两者的增长速度大致相当。其中，2003年和2007年财政公共卫生支出的增速比财政支出的增速大幅提升，均达到1.95。其原因主要是2003年SARS暴发引起政府的重视和2007年医疗卫生政策的调整。随着财政公共卫生支出占卫生总费用的比例上升，财政公共卫生支出相对于卫生总费用的弹性增长明显（除2000年、2002年、2012年、2014年、2016年、2017年和2018年外），特别是2007年弹性系数达到2.57。图3-4更为直观地表现了这一变化趋势。

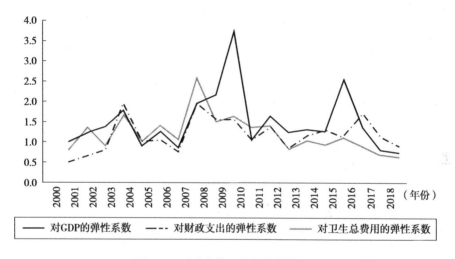

图3-4　财政公共卫生支出弹性系数

资料来源：根据表3-6数据绘制。

四、财政公共卫生支出规模的国际比较

2019年《中国卫生健康统计年鉴》列出了2000年、2011年和2015年193个国家的卫生状况（见表3-7）。从卫生总费用占GDP比重来看：

2000 年最高的是马歇尔群岛 22.5%，最低的是伊拉克 0.8%，中国排在第 125 位（4.6%）；2015 年最高的是马歇尔群岛 22.1%，最低的是阿富汗 1.3%，中国排在第 131 位（5.3%）。从人均卫生费用来看：2000 年最高的是美国（4818 美元），最低的是缅甸（3 美元），中国排在第 130 位（43 美元）；2015 年最高的是瑞士（9818 美元），最低的是中非（17 美元），中国排在第 81 位（426 美元）。从人均公共卫生支出来看：2000 年最高的是卢森堡（人均 2978 美元），最低的是伊拉克和缅甸，人均均小于 1 美元，中国排在第 130 位（人均 16 美元）；2012 年最高的是挪威（人均 7919 美元），最低的是缅甸（人均 5 美元），中国排在第 103 位（人均 180 美元）。

表 3-7　主要国家的卫生状况

序列	国家	卫生总费用占 GDP 比重（%）			人均卫生费用（美元）			人均公共卫生支出（美元）		
		2000 年	2011 年	2015 年	2000 年	2011 年	2015 年	2000 年	2011 年	2012 年
1	阿富汗	—	8.4	1.3	—	48	60	—	9	12
2	阿尔巴尼亚	6.3	6.0	6.8	70	243	266	25	116	109
3	阿尔及利亚	3.5	4.4	7.1	60	233	292	44	191	234
4	安道尔	6.0	7.2	12.0	1318	3053	4316	854	2247	2614
5	安哥拉	3.4	3.4	2.9	22	178	109	11	111	118
6	安提瓜和巴布达	4.2	5.5	4.8	420	703	657	281	518	494
7	阿根廷	7.6	7.9	6.8	710	866	998	383	576	689
8	亚美尼亚	6.3	3.7	10.1	39	127	366	7	66	63
9	澳大利亚	—	9.0	9.4	1714	5991	4934	1145	4052	4085
10	奥地利	10.0	11.3	10.3	2406	5643	4536	1820	4251	3951
11	阿塞拜疆	4.7	5.0	6.7	30	359	368	6	77	91
12	巴哈马群岛	5.2	7.5	7.4	1107	1622	1685	532	740	730
13	巴林群岛	3.5	3.8	5.2	476	766	1190	320	535	645
14	孟加拉国	2.6	3.8	2.6	9	27	32	4	10	8

续表

序列	国家	卫生总费用占GDP比重（%）			人均卫生费用（美元）			人均公共卫生支出（美元）		
		2000年	2011年	2015年	2000年	2011年	2015年	2000年	2011年	2012年
15	巴巴多斯岛	5.2	7.2	7.5	602	935	1160	396	617	615
16	白俄罗斯	6.1	4.9	6.1	75	311	352	56	219	262
17	比利时	8.1	10.5	10.5	1845	4914	4228	1377	3730	3567
18	伯利兹	4.0	5.8	6.2	139	264	301	73	175	168
19	贝宁湾	4.3	4.5	4.0	15	34	31	7	18	21
20	不丹	6.7	3.7	3.5	52	94	91	41	79	66
21	玻利维亚	6.1	5.0	6.4	60	115	197	36	82	107
22	波黑	7.1	9.9	9.4	103	471	431	59	336	318
23	博茨瓦纳	4.7	5.2	6.0	152	404	389	95	249	233
24	巴西	7.2	8.9	8.9	265	1119	780	107	512	512
25	文莱	3.0	2.2	2.6	543	917	812	470	844	869
26	保加利亚	6.2	7.3	8.2	97	522	572	59	288	292
27	布基纳法索	5.1	6.4	5.4	12	39	33	5	19	23
28	布隆迪	6.3	9.0	8.2	7	21	24	2	13	13
29	佛得角	4.8	4.0	4.8	59	153	146	43	116	118
30	柬埔寨	5.8	5.6	6.0	17	49	70	4	11	14
31	喀麦隆	4.4	5.4	5.1	26	64	64	5	22	—
32	加拿大	8.7	10.9	10.4	2100	5656	4508	1477	3982	4037
33	中非	4.3	3.9	4.8	11	19	17	5	10	9
34	乍得	6.3	2.8	4.6	10	25	36	4	7	14
35	智利	7.2	7.1	8.1	364	1022	1102	131	495	528
36	中国	4.6	5.1	5.3	43	274	426	16	153	180
37	哥伦比亚	5.9	6.5	6.2	148	466	374	117	350	402
38	科摩罗	3.5	3.6	8.0	13	31	59	6	13	21.0
39	刚果	2.1	2.5	3.4	22	85	59	13	58	99
40	库克岛	3.4	3.6	2.7	175	511	461	158	464	452

序列	国家	卫生总费用占GDP比重（%）			人均卫生费用（美元）			人均公共卫生支出（美元）		
		2000年	2011年	2015年	2000年	2011年	2015年	2000年	2011年	2012年
41	哥斯达黎加	7.1	10.2	8.1	287	883	929	226	659	711
42	科特迪瓦	6.2	6.8	5.4	40	84	75	12	21	24
43	克罗地亚	7.8	6.8	7.4	371	992	852	320	818	761
44	古巴	6.1	10	10.9	166	605	826	151	573	526
45	塞浦路斯	5.8	7.4	6.8	753	2123	1563	314	919	910
46	捷克	6.3	7.5	7.3	361	1545	1284	326	1301	1186
47	刚果民主共和国	1.4	6.1	4.3	19	15	20	1	8	8
48	丹麦	8.7	10.9	10.3	2613	6521	5497	2191	5563	5320
49	吉布提	5.8	8.7	4.4	44	119	82	30	68	83
50	多米尼加	5.0	6.0	5.4	231	402	384	159	285	280
51	多米尼加共和国	6.3	5.4	6.2	173	293	397	60	145	158
52	厄瓜多尔	3.6	6.9	8.5	53	362	530	16	131	162
53	埃及	5.4	4.9	4.2	80	137	157	33	56	62
54	萨尔瓦多	8.0	6.8	6.9	176	252	283	80	160	159
55	赤道几内亚	2.7	4.5	2.7	55	1051	280	44	570	618
56	厄立特里亚	4.1	2.7	3.3	7	12	31	3	6	7
57	爱沙尼亚	5.3	5.8	6.5	214	928	1112	165	747	783
58	埃塞俄比亚	4.4	4.1	4.0	5	14	24	3	7	14
59	斐济	3.9	3.8	3.6	80	167	175	67	109	122
60	芬兰	7.2	9.0	9.4	1700	4411	4005	1212	3327	3119
61	法国	10.1	11.6	11.1	2209	4968	4026	1754	3813	3592
62	加蓬	2.9	3.4	2.7	118	401	198	48	212	211
63	冈比亚	3.6	4.7	6.7	23	24	32	8	15	19
64	格鲁吉亚	6.9	9.4	7.9	45	310	281	8	56	60
65	德国	10.4	11.3	11.2	2387	4996	4592	1898	3819	3618
66	加纳	3.0	5.3	5.9	12	83	80	6	46	59

续表

序列	国家	卫生总费用占GDP比重（%）			人均卫生费用（美元）			人均公共卫生支出（美元）		
		2000年	2011年	2015年	2000年	2011年	2015年	2000年	2011年	2012年
67	希腊	7.9	9.0	8.4	918	2304	1505	551	1522	1390
68	格林纳达	6.6	6.5	5.0	339	481	460	176	232	223
69	危地马拉	5.6	6.7	5.7	96	215	224	39	76	90
70	几内亚	3.5	6.0	4.5	12	27	25	4	7	9
71	几内亚比绍	4.9	6.3	6.9	16	35	39	2	9	8
72	圭亚那	5.8	6.8	4.5	56	221	184	47	149	155
73	海地	6.1	8.5	6.9	26	62	54	7	13	7
74	洪都拉斯	6.6	8.4	7.6	76	187	177	41	92	98
75	匈牙利	7.2	7.9	7.2	326	1096	894	230	713	625
76	冰岛	9.5	9.2	8.6	2961	4051	4375	2400	3268	3100
77	印度	4.3	3.9	3.9	20	62	63	5	19	18
78	印度尼西亚	2.0	2.9	3.3	15	99	112	6	38	43
79	伊朗	4.6	4.6	7.6	229	326	366	95	161	196
80	伊拉克	0.8	2.7	3.4	7	160	154	<1	120	171
81	爱尔兰	6.2	8.8	7.8	1593	4306	4757	1181	2883	2757
82	以色列	7.1	7.6	7.4	1487	2373	2756	930	1453	1432
83	意大利	7.9	9.2	9.0	1527	3339	2700	1134	2599	2408
84	牙买加	5.5	5.2	5.9	189	273	294	100	146	175
85	日本	7.6	10.0	10.9	2865	4656	3733	2315	3824	3932
86	约旦	9.7	8.8	6.3	171	386	257	82	253	241
87	哈萨克斯坦	4.2	3.9	3.9	52	458	379	27	265	301
88	肯尼亚	4.7	4.4	5.2	19	35	70	9	14	17
89	基里巴斯	8.0	10.8	7.6	65	181	108	62	149	144
90	科威特	2.5	2.6	4.0	494	1349	1169	377	1112	1197
91	吉尔吉斯斯坦	4.7	6.2	8.2	13	71	92	6	42	51
92	老挝	3.3	2.8	2.8	11	35	53	4	18	9

序列	国家	卫生总费用占GDP比重（%）			人均卫生费用（美元）			人均公共卫生支出（美元）		
		2000年	2011年	2015年	2000年	2011年	2015年	2000年	2011年	2012年
93	拉脱维亚	6.0	6.0	5.8	196	826	784	107	472	497
94	黎巴嫩	10.9	7.4	7.4	579	646	645	171	246	307
95	莱索托	6.9	11.7	8.4	29	146	91	14	113	108
96	利比里亚	5.9	15.6	15.2	11	59	69	3	18	13
97	利比亚	3.4	3.9	—	253	211	—	123	163	470
98	立陶宛	6.5	6.7	6.5	211	887	923	147	634	613
99	卢森堡	7.5	6.7	6.0	3500	7751	6236	2978	6516	6302
100	马达加斯加	5.0	4.1	5.2	12	19	21	6	10	8
101	马拉维	6.1	8.3	9.3	9	30	34	4	22	18
102	马来西亚	3.0	3.8	4.0	122	384	386	68	212	231
103	马尔代夫	7.1	8.1	11.5	162	525	944	93	233	405
104	马里	6.3	6.8	5.8	16	51	42	5	22	16
105	马耳他	6.6	8.7	9.6	656	1900	2304	476	1215	1215
106	马歇尔群岛	22.5	16.0	22.1	466	567	747	409	470	487
107	毛里塔尼亚	5.2	5.9	4.6	25	51	54	13	33	21
108	毛里求斯	3.8	4.9	5.5	146	450	506	76	217	212
109	墨西哥	5.1	6.0	5.9	328	609	535	153	306	320
110	密克罗尼西亚	7.8	13.7	13.1	170	412	395	159	375	365
111	摩纳哥	3.3	4.4	2.0	2684	7180	3316	2338	6359	5769
112	蒙古	4.7	6.0	3.9	22	190	152	18	120	146
113	黑山	7.3	7.2	6.0	118	522	382	84	304	291
114	摩洛哥	4.2	6.3	5.5	54	195	160	16	65	64
115	莫桑比克	6.2	6.4	5.4	15	33	28	10	14	16
116	缅甸	2.1	1.8	4.9	3	19	59	<1	3	5
117	纳米比亚	6.1	8.6	8.9	126	486	423	87	298	292
118	瑙鲁	13.3	8.1	4.8	288	365	812	272	321	781

续表

序列	国家	卫生总费用占GDP比重（%）			人均卫生费用（美元）			人均公共卫生支出（美元）		
		2000年	2011年	2015年	2000年	2011年	2015年	2000年	2011年	2012年
119	尼泊尔	5.4	6.1	6.1	12	41	44	3	19	14
120	荷兰	8.0	11.9	10.7	1932	5997	4746	1219	4769	4646
121	新西兰	7.6	10.3	9.3	1056	3715	3554	824	3072	3279
122	尼加拉瓜	5.4	7.6	7.8	54	124	163	29	67	78
123	尼日尔	5.8	6.8	7.2	9	25	26	2	8	8
124	尼日利亚	2.8	5.7	3.6	17	85	97	6	29	31
125	纽埃岛	7.9	10.6	6.3	318	1820	867	313	1799	1251
126	挪威	8.4	9.9	10.0	3165	9908	7464	2611	8436	7919
127	阿曼	3.1	2.4	3.8	273	610	636	223	498	486
128	巴基斯坦	3.0	3.0	2.7	15	36	38	3	11	12
129	帕劳群岛	12.0	9.0	10.6	908	923	1420	532	689	753
130	巴拿马	7.8	7.9	7.0	295	664	921	201	453	496
131	巴布亚新几内亚	4.0	4.2	3.8	26	74	77	21	58	78
132	巴拉圭	8.1	8.9	7.8	124	352	321	49	136	152
133	秘鲁	4.9	4.7	5.3	95	283	323	53	161	183
134	菲律宾	3.2	4.4	4.4	33	105	127	16	39	35
135	波兰	5.5	6.9	6.3	247	920	797	173	646	594
136	葡萄牙	9.3	10.2	9.0	1064	2302	1722	708	1497	1280
137	卡塔尔	2.2	1.9	3.1	652	1738	2030	471	1366	1697
138	韩国	4.4	7.4	7.4	504	1652	2013	247	914	940
139	摩尔多瓦	6.7	11.4	10.2	23	224	186	11	102	110
140	罗马尼亚	4.3	5.6	5.0	73	480	442	59	380	375
141	俄罗斯	5.4	6.1	5.6	96	803	524	57	480	467
142	卢旺达	4.2	11.0	7.9	9	62	57	3	37	41
143	圣基茨和尼维斯	4.3	5.8	5.6	392	820	907	237	311	324
144	圣卢西亚岛	5.6	7.6	6.0	272	513	482	143	239	307

序列	国家	卫生总费用占GDP比重（%）			人均卫生费用（美元）			人均公共卫生支出（美元）		
		2000年	2011年	2015年	2000年	2011年	2015年	2000年	2011年	2012年
145	圣文森特和格林纳丁斯	3.7	4.9	4.2	137	310	284	113	253	279
146	萨摩亚群岛	6.0	7.0	5.6	80	245	223	61	217	214
147	圣马力诺	5.1	5.5	6.8	2166	3553	3243	1860	3050	338
148	圣多美和普林西比	8.9	7.6	9.8	46	108	160	20	37	35
149	沙特阿拉伯	4.2	3.5	5.8	396	721	1194	285	486	714
150	塞内加尔	4.6	5.0	4.0	22	54	36	9	30	22
151	塞黑	6.8	10.3	9.4	64	622	491	43	387	340
152	塞舌尔	4.6	3.6	3.4	356	413	492	292	392	467
153	塞拉利昂	13.8	16.3	18.3	21	82	107	6	13	12
154	新加坡	2.7	4.2	4.3	662	2144	2280	298	714	821
155	斯洛伐克	5.5	7.9	6.9	208	1415	1108	186	1004	960
156	斯洛文尼亚	8.3	8.9	8.5	831	2171	1772	615	1600	1479
157	所罗门群岛	4.6	7.7	8	48	124	152	45	119	95
158	索马里	—	—	—	—	—	—	—	—	—
159	南非	8.3	8.7	8.2	246	670	471	102	319	315
160	南苏丹	—	1.7	2.5	—	32	28	—	13	8
161	西班牙	7.2	9.3	9.2	1045	2978	2354	749	2175	1883
162	斯里兰卡	3.7	3.3	3.0	32	93	118	16	39	34
163	苏丹	3.4	6.7	6.3	15	119	152	4	36	25
164	苏里南	6.2	6.0	6.5	167	490	577	89	244	302
165	斯威士兰	5.3	8.3	7	75	270	233	42	188	192
166	瑞典	8.2	9.5	11.0	2282	5419	5600	1938	4423	4301
167	瑞士	9.9	11.0	12.1	3541	9248	9818	1963	6001	5970

续表

序列	国家	卫生总费用占 GDP 比重（%）			人均卫生费用（美元）			人均公共卫生支出（美元）		
		2000 年	2011 年	2015 年	2000 年	2011 年	2015 年	2000 年	2011 年	2012 年
168	叙利亚	4.9	3.4	—	58	102	—	23	47	34
169	塔吉克斯坦	4.6	5.8	6.9	7	48	63	1	14	18
170	泰国	3.4	4.1	3.8	67	214	217	38	166	196
171	马其顿	8.7	6.9	6.1	153	344	295	88	219	205
172	东帝汶	3.4	4.6	3.1	18	46	72	12	35	64
173	多哥	5.3	8.0	6.6	14	43	37	4	22	24
174	汤加	4.8	5.0	5.9	92	219	221	65	183	159
175	特立尼达和多巴哥	4	5.3	6	260	935	1146	118	460	489
176	突尼斯	5.4	7.0	6.7	121	304	258	67	180	173
177	土耳其	4.9	6.1	4.1	197	644	455	124	469	437
178	土库曼斯坦	3.9	2.1	6.3	44	114	405	36	73	81
179	图瓦卢	11	17.6	15	161	639	439	161	639	559
180	乌干达	6.0	9.3	7.3	16	41	46	4	10	25
181	乌克兰	5.6	7.3	6.1	36	262	125	18	146	161
182	阿联酋	2.2	3.1	3.5	753	1375	1402	578	955	854
183	英国	6.9	9.4	9.9	1761	3659	4356	1394	3031	3019
184	坦桑尼亚	3.4	7.4	6.1	10	38	32	4	14	16
185	美国	13.1	17.7	16.8	4818	8467	9536	2074	4047	4153
186	乌拉圭	11.2	8.6	9.2	773	1174	1281	422	816	816
187	乌兹别克斯坦	5.3	5.6	6.2	29	91	134	14	46	56
188	瓦努阿图	3.6	3.8	3.5	52	125	99	40	109	100
189	委内瑞拉	5.7	4.5	3.2	273	487	973	113	178	200
190	越南	4.9	6.8	5.7	20	93	117	6	42	44
191	也门	4.1	5.0	6	26	63	72	14	17	21

续表

序列	国家	卫生总费用占 GDP 比重（%）			人均卫生费用（美元）			人均公共卫生支出（美元）		
		2000 年	2011 年	2015 年	2000 年	2011 年	2015 年	2000 年	2011 年	2012 年
192	赞比亚	6.5	6.2	5.4	23	87	69	11	55	45
193	津巴布韦	—	—	10.3	—	—	94	—	—	—

资料来源：《2019 中国卫生健康统计年鉴》。

由此可见，从卫生总费用占 GDP 的比重来看，马歇尔群岛一直是最高的，而从 2015 年人均卫生费用和人均公共卫生支出来看，分别是瑞士和挪威最高。与世界其他各国相比，我国卫生总费用支出占 GDP 的比重一直都不高，到 2011 年才突破 5%，达到 5.1%，而世界卫生组织要求我国卫生总费用占 GDP 的比重在 2000 年就要达到 5%。中国人均卫生费用，2000 年人均 43 美元，2011 年人均 274 美元，2015 年人均 426 美元；中国人均公共卫生支出，2000 年人均 16 美元，2011 年人均 153 美元，2012 年人均 180 美元。然而与我国经济发展水平相近的国家相比，墨西哥卫生总费用占 GDP 比重，2000 年就达到 5.1%；人均卫生费用，2000 年人均 328 美元，2015 年人均 535 美元；人均公共卫生支出，2000 年人均 153 美元，2011 年人均 306 美元，2012 年人均 320 美元。与同是社会主义国家的古巴相比，古巴卫生总费用占 GDP 比重，2000 年达到了 6.1%，2015 年 10.9%；人均卫生费用，2000 年人均 166 美元，2011 年人均 306 美元，2012 年人均 320 美元；人均公共卫生支出，2000 年人均 151 美元，2011 年人均 573 美元，2012 年人均 526 美元。这两个国家的相关指标都远远高于我国的水平。与同是发展中国家的越南相比，越南 2000 年卫生总费用占 GDP 比重为 4.9%，2011 年就已达到 6.8%，2015 年则为 5.7%，中国到 2015 年才达到 5.3%。

因此，从绝对值来看，自 2000 年以来，尽管我国无论是卫生总费用还是公共卫生支出，都大幅增长了。但与其他国家相比，各项指标还比较弱。用科学发展观来审视，对于一个拥有14亿人口的国家，这是以影响群众利益和加重医疗卫生人员负担为代价的。因此，我国政府还需加大财政公共卫生投入。

第三节　中国财政公共卫生支出的结构分析

公共卫生支出的结构是衡量和评价公共卫生服务公平性和社会满意度等目标是否实现的重要指标。根据不同的分析方法和标准，财政公共卫生支出的结构可以分为三类：第一类，按照使用结构划分，可以划分为公共卫生服务经费和公费医疗经费；第二类，按照分配结构划分，可以划分为城镇卫生支出和农村卫生支出；第三类，按照政府级别划分，可以划分为中央政府公共卫生支出和地方政府公共卫生支出。我们将从这三个方面对我国的公共卫生支出结构进行分析。

一、财政公共卫生支出的使用结构

（一）公共卫生服务经费

公共卫生服务经费包括卫生事业费、中医事业费、计划生育事业费、高等医学教育经费、预算内基本建设支出、医学科研经费、卫生行政管理费、药品监督检查费、政府其他部门卫生支出。不同的年份，公共卫生服务经费所包含的内容会有些变动。例如，在《中国卫生统计年鉴》里，中医事业费在2007年之前是不包括在内的，2007年以后将其纳入；卫生事业费指标则改为卫生机构财政拨款；2011 年又将公共卫生服务经费精简为医疗卫生服务、医疗保障补助、卫生和医疗保险行政管理事务、人口与计划生育事务支出等各项事业的经费（见表 3-8）。

表 3-8　2000~2018 年公共卫生服务经费

年份	公共卫生支出（亿元）								
	合计 (A)	医疗卫生 服务支出 (B)	医疗保障 补助支出 (C)	行政管理 事务支出 (D)	人口与 计划生育 事务支出 (E)	B/A	C/A	D/A	E/A
2000	709.52	407.21	211	26.81	64.5	0.574	0.297	0.038	0.091
2001	800.61	450.11	235.75	32.96	81.79	0.562	0.294	0.041	0.102
2002	908.51	497.41	251.66	44.69	114.75	0.548	0.277	0.049	0.126
2003	1116.94	603.02	320.54	51.57	141.82	0.540	0.287	0.046	0.127
2004	1293.58	679.72	371.6	60.9	181.36	0.525	0.287	0.047	0.140
2005	1552.53	805.52	453.31	72.53	221.18	0.519	0.292	0.047	0.142
2006	1778.86	834.82	602.53	84.59	256.92	0.469	0.339	0.048	0.144
2007	2581.58	1153.3	957.02	123.95	347.32	0.447	0.371	0.048	0.135
2008	3593.94	1397.23	1577.1	194.32	425.29	0.389	0.439	0.054	0.118
2009	4816.26	2081.09	2001.51	217.88	515.78	0.432	0.416	0.045	0.107
2010	5732.49	2565.6	2331.12	247.83	587.94	0.448	0.407	0.043	0.103
2011	7464.18	3125.16	3360.78	283.86	694.38	0.419	0.450	0.038	0.093
2012	8431.98	3506.7	3789.14	323.29	812.85	0.416	0.449	0.038	0.096
2013	9545.81	3838.93	4428.82	373.15	904.92	0.402	0.464	0.039	0.095
2014	10579.23	4288.7	4958.53	436.95	895.05	0.405	0.469	0.041	0.085
2015	12475.28	5191.25	5822.99	625.94	835.1	0.416	0.467	0.050	0.067
2016	13910.31	5867.38	6497.2	804.31	741.42	0.422	0.467	0.058	0.053
2017	15205.87	6550.45	7007.51	933.82	714.1	0.431	0.461	0.061	0.047
2018	16399.13	6908.05	7795.57	1005.79	689.72	0.421	0.475	0.061	0.042

资料来源：根据《2019 中国卫生健康统计年鉴》数据计算得来，本表按当年价格计算。

从表3-8中，我们可以看到，在公共卫生支出里，不管是医疗卫生服务支出、医疗保障补助支出，还是行政管理事务支出、人口与计划生育事务支出，每一项目的经费都有所增长，从2000年到2018年，医疗卫生服务支出从407.21亿元增加到6908.05亿元，医疗保障补助支出从211亿元增加到7795.57亿元，行政管理事务支出从26.81亿元增加到1005.79亿元，人口与计划生育事务支出从64.5亿元增加到689.72亿元。但从横向来看，财政公共卫生支出更多的是用于医疗卫生服务，而医疗保障补助支出等则较少；从纵向来看，人口与计划生育事务支出的涨幅是最低的，十八年仅仅增长了9.69倍；其次是医疗卫生服务支出，增长了15.96倍；而医疗保障补助支出、行政管理事务支出的增长幅度较高，分别是35.95倍、36.52倍；从各种支出所占的比重来看，医疗卫生服务支出、人口与计划生育事务支出整体呈现下降趋势，而医疗保障补助支出、卫生和医疗保险行政管理事务支出则呈上升趋势。

（二）公费医疗经费

公费医疗经费是指政府为国家行政和事业单位的公职人员提供的医疗保险经费（见表3-9）。

表3-9　2000~2018年公费医疗经费　　　　　　单位：亿元

年份	公共卫生服务经费	公费医疗经费	公共卫生支出	公共卫生服务经费/公共卫生支出	公费医疗经费/公共卫生支出
2000	498.52	211	709.52	0.703	0.297
2001	564.86	235.75	800.61	0.706	0.294
2002	656.85	251.66	908.51	0.723	0.277
2003	796.4	320.54	1116.94	0.713	0.287
2004	921.98	371.6	1293.58	0.713	0.287
2005	1099.22	453.31	1552.53	0.708	0.292

续表

年份	公共卫生服务经费	公费医疗经费	公共卫生支出	公共卫生服务经费/公共卫生支出	公费医疗经费/公共卫生支出
2006	1176.33	602.53	1778.86	0.661	0.339
2007	1624.56	957.02	2581.58	0.629	0.371
2008	2016.84	1577.1	3593.94	0.561	0.439
2009	2814.75	2001.51	4816.26	0.584	0.416
2010	3401.37	2331.12	5732.49	0.593	0.407
2011	4103.4	3360.78	7464.18	0.550	0.450
2012	4642.84	3789.14	8431.98	0.551	0.449
2013	5116.99	4428.82	9545.81	0.536	0.464
2014	5620.7	4958.53	10579.23	0.531	0.469
2015	6652.29	5822.99	12475.28	0.533	0.467
2016	7413.11	6497.2	13910.31	0.533	0.467
2017	8198.36	7007.51	15205.87	0.539	0.461
2018	8603.56	7795.57	16399.13	0.525	0.475

资料来源：根据《2019中国卫生健康统计年鉴》数据计算得来。

公费医疗经费和公共卫生服务经费一起构成公共卫生支出，因此它们之间存在此消彼长的关系，若公费医疗经费占公共卫生支出的比重上升，公共卫生服务经费占公共卫生支出的比重则会随之下降。然而能享受公费医疗经费的只是一小部分人群，在国家行政和事业单位的公职人员，如果公费医疗经费增加，也就意味着有限的公共卫生支出中用于人民大众的公共卫生事业经费相对减少。如表3-9所示，公共卫生经费占公共卫生支出比重呈下降趋势，而公费医疗经费则呈上升趋势，到2012年，二者所占比例接近。这说明政府用于全社会成员的卫生经费降低了，而用于某一部分特殊人群的费用却提高了。

二、财政公共卫生支出的分配结构

财政公共卫生支出的城乡分配结构主要用城乡卫生财政投入与人们占有的医疗资源来表现。城乡卫生财政投入主要用城乡卫生费用来体现，人们占有的医疗资源则用每千人口卫生技术人员数来表现。从城乡卫生费用表（见表3-10）中可以看到，一直以来，城市的人均卫生费用大大高于全国的人均卫生费用，而农村的人均卫生费用则始终低于全国的人均卫生费用，2000年城市人均卫生费用是农村的3.79倍，城乡人均卫生费用相差599元，到2016年城乡人均卫生费用相差2625.4元，城市是农村的2.42倍。虽然差距有所减小，但城乡差距依然很明显。

表3-10　2000~2016年城乡卫生费用　　　　单位：元

年份	人均卫生费用	城市人均卫生费用	农村人均卫生费用
2000	361.9	813.7	214.7
2001	393.8	841.2	244.8
2002	450.7	987.1	259.3
2003	509.5	1108.9	274.7
2004	583.9	1261.9	301.6
2005	662.3	1126.4	315.8
2006	748.8	1248.3	361.9
2007	876.0	1516.3	358.1
2008	1094.5	1861.8	455.2
2009	1314.3	2176.6	562.0
2010	1490.1	2315.5	666.3
2011	1806.95	2697.48	879.44
2012	2076.7	2999.3	1064.8
2013	2327.4	3234.1	1274.4

续表

年份	人均卫生费用	城市人均卫生费用	农村人均卫生费用
2014	2581.7	3558.3	1412.2
2015	2980.8	4058.5	1603.6
2016	3351.7	4471.5	1846.1

资料来源：根据《2019 中国卫生健康统计年鉴》数据计算得来。本表系核算数，按当年价格计算。

如果说费用上会受到价格水平等因素的影响，那么从表 3-11 中每千人口卫生技术人员数上来看，城乡每千人口卫生技术人员数从 2000 年相差 2.76 人扩大到 2018 年的 6.28 人，执业（助理）医师从 2000 年相差 1.14 人扩大到 2018 年的 2.19 人，注册护士从 2000 年相差 1.1 人扩大到 2018 年的 3.28 人。从数字来看，我国医生数不管是城市还是农村都还有很大的缺口，尤其是农村，十几年来医生或是护士的增加量没多大变化。由此可见，不管是财政投入还是医疗资源，大部分向城市集中。

表 3-11　2000~2018 年每千人口卫生技术人员　　　　单位：人

年份	卫生技术人员			执业（助理）医师			注册护士		
	合计	城市	农村	合计	城市	农村	合计	城市	农村
2000	3.63	5.17	2.41	1.68	2.31	1.17	1.02	1.64	0.54
2001	3.62	5.15	2.38	1.69	2.32	1.17	1.03	1.65	0.54
2002	3.41	—	—	1.47	—	—	1.00	—	—
2003	3.48	4.88	2.26	1.54	2.13	1.04	1.00	1.59	0.50
2004	3.53	4.99	2.24	1.57	2.18	1.04	1.03	1.63	0.50
2005	3.50	5.82	2.69	1.56	2.46	1.26	1.03	2.10	0.65
2006	3.60	6.09	2.70	1.60	2.56	1.26	1.09	2.22	0.66
2007	3.72	6.44	2.69	1.61	2.61	1.23	1.18	2.42	0.70
2008	3.90	6.68	2.80	1.66	2.68	1.26	1.27	2.54	0.76
2009	4.15	7.15	2.94	1.75	2.83	1.31	1.39	2.82	0.81

续表

年份	卫生技术人员			执业（助理）医师			注册护士		
	合计	城市	农村	合计	城市	农村	合计	城市	农村
2010	4.39	7.62	3.04	1.80	2.97	1.32	1.53	3.09	0.89
2011	4.61	6.68	2.66	1.83	2.62	1.10	1.67	2.62	0.79
2012	4.94	8.54	3.41	1.94	3.19	1.40	1.85	3.65	1.09
2013	5.27	9.18	3.64	2.04	3.39	1.48	2.04	4.00	1.22
2014	5.56	9.70	3.77	2.12	3.54	1.51	2.20	4.30	1.31
2015	5.84	10.21	3.90	2.22	3.72	1.55	2.37	4.58	1.39
2016	6.12	10.42	4.08	2.31	3.79	1.61	2.54	4.75	1.50
2017	6.47	10.87	4.28	2.44	3.97	1.68	2.74	5.01	1.62
2018	6.83	10.91	4.63	2.59	4.01	1.82	2.94	5.08	1.80

注：①2002 年以前，执业（助理）医师数系医生，执业医师系医师，注册护士数系护师（士）；②城市包括直辖市区和地级市辖区，农村包括县及县级市；③合计项分母系常住人口数，分城乡项分母系推算户籍人口数。

资料来源：《2019 中国卫生健康统计年鉴》。

由于城乡二元分割，城乡之间的经济社会发展差距、城乡居民收入差距，仍然处于很高水平，这也进一步影响了城乡公共卫生支出的不均等，而城乡公共卫生支出的不均等使得城乡居民对卫生服务的利用差距进一步扩大，但是农村往往又是最需要公共卫生服务的地区，这样恶性循环，对于农村居民的发展是相对不利的。从表 3-12 城乡各死亡率对比中，可以看到，不管是新生儿死亡率、婴儿死亡率、5 岁以下儿童死亡率还是孕产妇死亡率，从 2000 年到 2018 年均大幅降低，但农村在得到控制的同时均高于城市。

表 3-12 2000~2018 年城乡各死亡率对比

年份	新生儿死亡率（‰）			婴儿死亡率（‰）			5 岁以下儿童死亡率（‰）			孕产妇死亡率（1/100000）		
	全国	城市	农村	全国	城市	农村	全国	城市	农村	全国	城市	农村
2000	22.8	9.5	25.8	32.2	11.8	37.0	39.7	13.8	45.7	53.0	29.3	69.6
2001	21.4	10.6	23.9	30.0	13.6	33.8	35.9	16.3	40.4	50.2	33.1	61.9

续表

年份	新生儿死亡率（‰）			婴儿死亡率（‰）			5岁以下儿童死亡率（‰）			孕产妇死亡率（1/100000）		
	全国	城市	农村	全国	城市	农村	全国	城市	农村	全国	城市	农村
2002	20.7	9.7	23.2	29.2	12.2	33.1	34.9	14.6	39.6	43.2	22.3	58.2
2003	18.0	8.9	20.1	25.5	11.3	28.7	29.9	14.8	33.4	51.3	27.6	65.4
2004	15.4	8.4	17.3	21.5	10.1	24.5	25.0	12.0	28.5	48.3	26.1	63.0
2005	13.2	7.5	14.7	19.0	9.1	21.6	22.5	10.7	25.7	47.7	25.0	53.8
2006	12.0	6.8	13.4	17.2	8.0	19.7	20.6	9.6	23.6	41.1	24.8	45.5
2007	10.7	5.5	12.8	15.3	7.7	18.6	18.1	9.0	21.8	36.6	25.2	41.3
2008	10.2	5.0	12.3	14.9	6.5	18.4	18.5	7.9	22.7	34.2	29.2	36.1
2009	9.0	4.5	10.8	13.8	6.2	17.0	17.2	7.6	21.1	31.9	26.6	34.0
2010	8.3	4.1	10.0	13.1	5.8	16.1	16.4	7.3	20.1	30.0	29.7	30.1
2011	7.8	4.0	9.4	12.1	5.8	14.7	15.6	7.1	19.1	26.1	25.2	26.5
2012	6.9	3.9	8.1	10.3	5.2	12.4	13.2	5.9	16.2	24.5	22.2	25.6
2013	6.3	3.7	7.3	9.5	5.2	11.3	12.0	6.0	14.5	23.2	22.4	23.6
2014	5.9	3.5	6.9	8.9	4.8	10.7	11.7	5.90	14.2	21.7	20.5	22.2
2015	5.4	3.3	6.4	8.1	4.7	9.6	10.7	5.8	12.9	20.1	19.8	20.2
2016	4.9	2.9	5.7	7.5	4.2	9.0	10.2	5.2	12.4	19.9	19.5	20.0
2017	4.48	2.65	5.3	6.77	4.15	7.94	9.05	4.84	10.94	19.6	16.6	21.1
2018	3.9	2.2	4.7	6.1	3.6	7.3	8.4	4.4	10.2	18.3	15.5	19.9

资料来源：国家统计局网站国家数据. https://data.stats.gov.cn.

由此可见，城市与农村公共卫生资金投入配比的失衡，是城乡公共卫生服务水平差距扩大的重要原因，而根据边际效益递增原则，财政对于农村公共卫生的投入将发挥更大的辐射效应。

三、财政公共卫生支出的政府分级负担结构

财政公共卫生支出的政府分级负担结构是中央与地方政府分担公共卫

生支出的比例关系，体现中央与地方在公共卫生事权上的职责，合理的分级负担结构有利于明确各级政府的公共卫生责任。从表3-13中的数据可以看出，2000~2018年，中央财政的公共卫生支出占国家公共卫生总支出的比重、地方政府的公共卫生支出占国家公共卫生总支出的比重呈现出两次大的变化。2000~2003年，中央财政的公共卫生支出占国家公共卫生总支出的比重由1.49%上升至2.84%，逐年上升。相应地，地方政府的公共卫生支出占国家公共卫生总支出的比重则由98.51%降至97.16%，逐年下降。自2004年以后，出现新的变化，中央财政的公共卫生支出逐渐降低，到2017年只占国家公共卫生总支出的0.74%，而地方政府的公共卫生支出逐年上升，到2017年达到99.26%，2018年又有所反弹。

表3-13　2000~2018年中央与地方政府公共卫生支出分级负担结构

年份	中央财政的公共卫生支出（亿元）	地方政府的公共卫生支出（亿元）	中央公共卫生支出占公共卫生总支出的比重（%）	地方政府公共卫生支出占公共卫生总支出的比重（%）
2000	7.32	482.39	1.49	98.51
2001	11.76	557.54	2.07	97.93
2002	17.25	617.79	2.72	97.28
2003	22.07	755.94	2.84	97.16
2004	22.39	832.25	2.62	97.38
2005	21.26	1015.55	2.05	97.95
2006	24.23	1296	1.84	98.16
2007	34.21	1955.75	1.72	98.28
2008	46.78	2710.26	1.7	98.3
2009	63.5	3930.69	1.59	98.41
2010	73.56	4730.62	1.53	98.47
2011	71.32	6358.19	1.11	98.89
2012	74.29	7170.82	1.03	98.97

续表

年份	中央财政的 公共卫生支出 （亿元）	地方政府的 公共卫生支出 （亿元）	中央公共卫生支出 占公共卫生总支出 的比重（%）	地方政府公共卫生 支出占公共卫生总 支出的比重（%）
2013	76.7	8203.2	0.93	99.07
2014	90.25	10086.56	0.89	99.11
2015	84.51	11868.67	0.71	99.29
2016	91.16	13067.61	0.69	99.31
2017	107.6	14343.03	0.74	99.26
2018	210.65	15412.9	1.35	98.65

资料来源：根据 2001~2019 年《中国统计年鉴》的相关数据计算整理。

从表 3-13 的数据中可知，两次变化呈现的是截然相反的方向，但从图 3-5 中我们可以看到，不管何时，中央与地方政府用于公共卫生的支出均存在巨大的差距，财政公共卫生支出主要由地方政府承担。

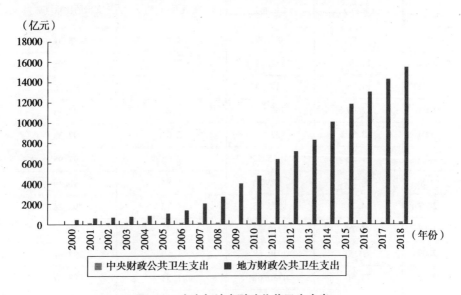

图 3-5 中央与地方财政公共卫生支出

资料来源：根据表 3-13 数据绘制。

四、财政公共卫生支出结构的国际比较

从 2005 年世界部分国家公共卫生支出政府负担比例（见表 3-14）来看，大部分国家中央政府与地方政府在公共卫生支出中承担职责相当，如冰岛、卢森堡、罗马尼亚等。部分国家主要由中央政府承担，其中，突尼斯最高，中央政府承担 100% 的公共卫生支出，克罗地亚的中央政府承担 95.72%，地区政府仅仅承担了 4.28%。西班牙中央政府承担的公共卫生支出比例最低，为 3.63%。可这一比例也超出了 2005 年我国中央政府财政卫生支出的比例，仅仅只有 2.05%，而当年我国地方政府财政卫生支出的比例高达 97.95%。

表 3-14　2005 年世界部分国家公共卫生支出政府负担比例

国家	中央（%）	州（%）	地区（%）	地方（%）
澳大利亚	28.56	25.18	0.21	46.04
玻利维亚	35.38	13.12	5.96	45.54
加拿大	10.09	43.39	0.75	45.77
克罗地亚	95.72	0.00	4.28	0
冰岛	49.43	0.00	0.58	50
立陶宛	31.64	0.00	18.36	50
摩尔多瓦	48.76	0.00	1.24	50
挪威	37.78	0.00	13.54	48.67
波兰	38.87	0.00	18.78	42.35
罗马尼亚	49.18	0.00	0.83	50
捷克	47.88	0.00	2.28	49.84
卢森堡	49.87	0.00	0.13	50
丹麦	1.63	0.00	48.88	49.49
芬兰	22.36	0.00	35.08	42.56

续表

国家	中央（%）	州（%）	地区（%）	地方（%）
斯洛伐克	49.72	0.00	0.28	50
斯洛文尼亚	45.12	0.00	8.04	46.84
突尼斯	100	0.00	0	0
西班牙	3.63	45.73	0.64	50
乌克兰	14.84	0.00	35.16	50
法国	49.57	0.00	0.44	49.99
美国	40.56	0.00	0	59.44
俄罗斯	28.67	0.00	11.55	59.78
格鲁吉亚	40.46	0.00	9.54	50
德国	47.74	1.34	1.15	49.77
奥地利	36.95	12.87	7.99	42.2
匈牙利	87.64	0.00	3.26	9.1
保加利亚	46.74	0.00	3.26	50
以色列	49.71	0.00	0.33	49.96
意大利	15.38	0.00	42.94	41.68
拉脱维亚	13.44	0.00	36.6	49.96
毛里求斯	48.29	1.71	0	50
比利时	47.85	1.05	1.21	49.89
瑞士	0.44	30.61	21.89	47.05
平均值	39.82	5.30	10.16	44.72

资料来源：IMF《政府财政统计2007》。

由此可见，我国中央政府承担的公共卫生支出远远低于世界平均水平，我国的公共卫生支出主要由地方政府承担。虽然一直以来在公共卫生方面我国实行的是地方负责制，但将过多的责任都归由地方政府，必然会增加地方政府的财政负担，同样也无法保障地方公共卫生服务的均衡发展，同时也无法较好地体现中央政府的管理运行职能。因此，国家应通过专项转移支付，加大中央政府公共卫生支出等方法以减少地方政府公共卫生的财政压力并缩小地区及城乡之间在基本公共卫生方面的差距。

第四节　当前我国财政公共卫生支出存在的问题

新医改自 2009 年实行以来，我国中央及地方各级政府出台了多项政策，大规模增加了卫生事业的财政投入，公共卫生建设取得显著成效，但不可避免，仍有一些问题依然存在。这些问题主要体现在：财政公共卫生支出总量上升但仍不足；财政公共卫生支出各项目比例不均衡；财政公共卫生支出城乡间分配失衡但差异缩小；财政公共卫生支出中央与地方政府负担结构不合理。对这些问题进行认识和研究，有利于我们认清我国现有财政公共卫生支出体制，为政府制定合理的财政公共卫生支出政策提供建议。

一、财政公共卫生支出总量上升但仍不足

从财政公共卫生支出的绝对规模与相对规模来看，2000 年以来，我国财政公共卫生支出总体呈现迂回上升的态势，但总量仍然不足。本书根据世界银行 WDI 数据库整理，得到了世界公共卫生支出占国内生产总值比重及人均公共卫生支出表（见表 3-15）。

表 3-15　世界公共卫生支出占国内生产总值比重及人均公共卫生支出

	人均公共卫生支出（美元）			公共卫生支出占国内生产总值的比重（%）		
	2000 年	2010 年	2016 年	2000 年	2010 年	2016 年
世界	472.5	912.7	1026.2	8.6	9.6	10.0

续表

	人均公共卫生支出（美元）			公共卫生支出占国内生产总值的比重（%）		
	2000 年	2010 年	2016 年	2000 年	2010 年	2016 年
高收入国家	2430.2	4603.3	5179.7	9.4	11.6	12.6
中等收入国家	62.5	203.9	255.0	4.9	5.2	5.4
低收入国家	14.7	33.7	32.9	4.1	5.9	5.4
中国	42.4	187.7	398.3	4.5	4.2	5.0

资料来源：《国际统计年鉴 2019》。

作为拥有 14 亿人的世界第一人口大国，我国的人均公共卫生支出在 2000 年时就高于低收入国家，但低于中等收入国家，大约为低收入国家平均水平的 3 倍；到 2016 年虽然远低于世界平均水平，但已经高于中等收入国家。近几年由于发生了几次重大公共卫生事件，政府高度重视公共卫生，意识到公共卫生支出的重要性，在财政政策上有所倾斜。在公共卫生支出占国内生产总值的比重这一指标中，2016 年世界平均水平为 10.0%，2000 年为 8.6%，而我国在 2016 年才达到 5.0%，远远低于世界的平均水平；2000 年略高于低收入国家，低于中等收入国家，而到 2010 年又低于低收入国家，2016 年终于达到 5.0%，但仍低于低收入国家。由此可见，我国在公共卫生方面的投入总体水平偏低，财政对公共卫生的投入还有待进一步加强。由于整个国家处于发展阶段，各个方面的发展都挤占了公共卫生支出。政府部门应该意识到，公共财政是有边界的，不应该把所有的责任都归由公共财政负责。只有这样，公共财政才能真正承担起"公共"的意义。此外，2003 年"非典"暴发后，政府开始重视公共卫生领域，加大对公共卫生的投入，但是由于先前基础较为薄弱，公共卫生服务水平仍停滞在较低阶段，加大公共卫生的投入力度仍是国家的重点。

二、财政公共卫生支出各项目比例不均衡

从财政公共卫生支出的使用结构来看，不管是医疗卫生服务支出、医疗保障补助支出，还是行政管理事务支出、人口与计划生育事务支出，每一项目的经费在量上都有所增长。但从具体的项目比例上来看，各项目支出比例是不均衡的，或者是有些本末倒置。在本章第二节的表 3-8 中，我们可以看到，在横向上，财政公共卫生支出更多的是用于医疗卫生服务，而医疗保障补助支出等则较少，说明国家一直以来强调的是"治大于防"，"治"的很大一部分费用又被用于某一部分特殊人群的卫生费用上了。国家应转变观念，将"治大于防"变成"防大于治"，将公共卫生经费更多地用于使全民受益的公共卫生事业经费上来，这将有利于提高我国的人力资本。在纵向上，医疗卫生服务支出的涨幅是最低的，医疗保障补助支出的涨幅最高。从在公共卫生支出中所占的比重来看，医疗卫生服务支出呈下降趋势，而医疗保障补助支出、卫生和医疗保险行政管理事务支出、人口与计划生育事务支出则呈上升趋势。由此可见，国家有意加大我国的医疗保障补助支出，提高医疗保障补助能力，这对于缩小贫富差距，减少医患矛盾有一定的帮助，但行政管理事务的支出随之增长的同时，增幅却高于医疗卫生服务支出，这是不合理的；而公费医疗经费大于公共卫生经费，这一挤占效应必定会加大人民大众私人的卫生医疗成本，影响人民大众的利益，激化人民大众与公职人员的矛盾，不利于社会的和谐发展。

三、财政公共卫生支出城乡间分配失衡但差异缩小

财政公共卫生支出城乡之间分配不均衡，2016 年城市人口占总人口的

59%，而城市的人均卫生费用却是农村人均卫生费用的 2.4 倍。[①] 卫生资源向城市倾斜导致基层的医疗卫生服务状况一直得不到较大改善。但在国家卫生服务第四次调查中，城乡居民两周患者未就诊比例为 37.6%，其中，城市 37.3%，农村 37.8%，二者比较接近。未就诊的主要原因中，经济困难和就诊太贵的比例占 24.4%，其中，城市 23.3%，农村 24.9%，两者比例相近。[②] 这说明在我国随着新型农村合作医疗的推行，农民对卫生服务的利用率明显提升，城乡居民在公共卫生服务利用上的差异逐渐缩小。因此，中央应对当前农村公共卫生服务供给不足的状况给予重视，加大基层公共卫生的财政投入，满足所有人口的基本公共卫生需求，并逐步向城乡一体化的公共卫生服务体系过渡。只有经历了一个相对均等化的过程，更高层次的均等化水平才有可能实现。可喜的是，《2018 年全国第六次卫生服务统计调查报告》指出，随着医疗保障水平稳步提高以及卫生服务体系建设不断推进，城乡卫生服务可及性进一步改善。城乡因经济困难需住院而未住院的比例从 1998 年的 18.3% 和 24.5% 下降到 2018 年的 9.0% 和 10.2%。[③]

四、财政公共卫生支出中央与地方政府负担结构不合理

从以往各国公共卫生支出政府负担比例来看，财政公共卫生支出中央与地方政府承担的比例一般与该国的财政卫生体制和卫生管理体系紧密相关。在表 3-14 中，从各国公共卫生支出政府负担比例的平均值（中央政府 39.82%，州政府 5.3%，地区政府 10.16%，地方基层政府 44.72%）来看，或是由中央政府负担全部的卫生支出责任，抑或是中央政府与地方政府承担公共卫生支出的比例相当。在公共卫生方面，我国推行的是地方负责、分级管理的体制，也就是说，由地方各级政府负责管辖范围内的公共

[①] 资料来源于国家统计局《2019 中国卫生健康统计年鉴》。

[②] 参见《2008 中国卫生服务调查研究——第四次家庭健康询问调查分析报告》。

[③] 参见《2018 年全国第六次卫生服务统计调查报告》。

卫生发展情况。可问题也就出在这里，地方各级政府负责其辖区内的卫生事业投入，再加上在我国省级以下的地方政府间支出划分一般由各省份自行决定，这就造成财政公共卫生的支出责任层层落实，最终落到了县及乡等基层政府身上。我国中央与地方政府公共卫生支出负担结构不合理，将会影响我国公共卫生事业的发展，因此，中央政府应该建立公共卫生费用的合理分担机制，减少基层地方政府有关公共卫生的财政负担，由中央政府负责全国性的公共卫生服务，地方政府负责地方性的公共卫生服务，各级政府对一些具有准公共品性质的基本公共卫生服务，根据其性质进行比例划分并承担相应的责任或是共同承担。同时，还应加大财政保障，通过专项转移支付等财政手段以缩小地区与城乡之间在公共卫生服务方面的差距。

第四章
中国财政公共卫生支出区域差距研究

公共卫生是关系到一国或一个地区人民大众健康的公共事业。财政公共卫生支出具有较强的正外部性，它对提高国民健康、推动经济增长及促进社会公平等具有举足轻重的作用，是政府承担公共医疗卫生服务供给责任的主要体现。近些年来，公共卫生资源在区域间配置的不均衡现象却日渐显现。本章分别选取"人均财政公共卫生支出"和"人均GDP"指标，首先通过面板数据的聚类分析方法对我国31个省份2000~2018年的公共卫生支出进行区域划分，其次比较分析各类区域的特点，最后分别计算各省份、各区域及全国的泰尔指数，从全国、区域间、区域内、省份间四个层面深入剖析中国的财政公共卫生支出情况。

第一节　人均公共卫生支出的财政差异

有关财政公共卫生支出区域差距的分析，以往学者们大多将我国的财政公共卫生支出情况根据东、中、西部的地区划分方法进行研究，而且研究结果一致认为三类地区的财政公共卫生支出存在不均衡现象，其中东部地区较高，而中部、西部地区较低。该方法在一定程度上有利于对我国财政公共卫生支出的公平性问题进行研究并制定相关政策。但缺少较强的针对性。那么，是否存在更好的方法以对我国财政公共卫生支出区域进行更有效的划分呢？聚类分析是一种理想的多变量统计技术，也是研究分类的一种多元统计方法。Bonzo 和 Hermosilla[①] 首次将聚类分析方法用于面板数据的分析中，运用概率连接函数和遗传算法改进了聚类分析的算法，进而提出了面板数据的聚类分析方法。近些年来，面板数据的聚类分析成为各研究领域的热点。本节将采用单指标面板数据的聚类分析方法对我国财政公共卫生支出的区域差距问题进行分析。单指标面板数据的聚类分析方法在进行分类时，能充分分析指标在截面数据和时间序列数据上的特征，这恰恰为财政公共卫生支出区域的划分提供了一个全新的解决思路。

一、变量选择与数据处理

本书所研究的样本数据为 2000~2018 年中国 31 个省份公共卫生支出数据。由于东、中、西部的划分更多是基于经济发展的整体情况，不能体现公共卫生支出的分布特点，所以为了更为准确地进行区域划分，本书采用单指标面板数据的聚类分析方法进行区域划分。其中，指标使用各省份的人均财政公共卫生支出，单指标面板数据的聚类分析方法的求解办法参考涂正革和谌仁俊（2012）的研究成果，即综合选用指标年度均值和年均增长率的聚类结果。

各省份财政公共卫生支出的数据主要来源于 2001~2019 年《中国统计年鉴》、2001~2012 年《中国卫生统计年鉴》、2013~2017 年《中国卫生和计划生育统计年鉴》、2018~2019 年《中国卫生健康统计年鉴》，人口数据来源于历年的《中国人口统计年鉴》，本书对各省份人均财政公共卫生支出数据进行了医疗保健居民消费价格指数平减（各省份以 2000 年为基期）。

---

① Bonzo D. C. and A. Y. Hermosilla. Clustering Panel Data via Perturbed Adaptive Simulated Annealing and Genetic Algorithms [J]. Advances in Complex Systems, 2002 (4): 339-360.

为了对 31 个省份进行财政公共卫生支出的区域划分, 本书选取人均财政公共卫生支出这一相对指标。本书根据人均财政公共卫生支出的指标取值及其变化, 采用"降维"的方法, 对各指标在时间维度上求均值, 进行区域聚类, 同时, 计算出人均财政公共卫生支出的年均增长率, 进行聚类分析。但考虑到各指标间的数量级相差较大, 直接做聚类分析, 很容易忽略数量级较小的指标的作用。因此, 在进行聚类分析前, 需要对人均财政公共卫生支出进行适当转化。

二、区域聚类分析结果

本书对人均财政公共卫生支出指标的年度均值和年均增长率进行了聚类分析, 得到的聚类分析结果如图 4-1 所示。

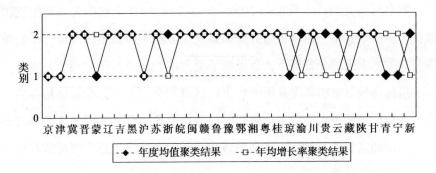

图 4-1 基于人均财政公共卫生支出指标的聚类结果

注: 这里的相异性选取 2.3。

资料来源: 根据模型计算结果整理得来。

综合图 4-1 中人均财政公共卫生支出指标的年度均值和年均增长率的聚类分析结果, 可以把各省份分成三类区域, 其中各类区域人均财政公共卫生支出的取值及其变化如表 4-1 所示。

表 4-1　2000~2018 年各地区人均财政公共卫生支出变化量

年份	公共卫生高支出区域 （元/人）	公共卫生中支出区域 （元/人）	公共卫生低支出区域 （元/人）	全国 （元/人）
2000	174.91	48.62	26.53	51.58
2001	204.64	53.05	34.52	59.95
2002	216.85	59.16	38.27	65.66
2003	255.82	71.78	46.89	79.15
2004	294.27	80.85	50.74	88.88
2005	341.03	95.98	63.96	106.27
2006	414.11	119.93	81.13	132.13
2007	635.57	170.66	132.36	199.59
2008	727.85	217.95	189.09	255.19
2009	833.91	306.80	285.74	348.98
2010	927.56	342.35	345.87	400.46
2011	1043.27	436.60	453.87	502.55
2012	1087.00	482.47	500.45	548.51
2013	1163.01	518.62	539.94	554.29
2014	1203.46	554.77	579.43	656.69
2015	1239.02	590.92	618.92	757.02
2016	1391.04	627.07	658.41	809.56
2017	1495.12	663.22	697.9	879.88
2018	1509.9	699.37	737.39	928.6
年度均值（元/人）	797.81	323.17	320.07	390.79
年均增长率（%）	12.72	15.97	20.29	17.42

资料来源：根据模型计算结果整理所得。

三、区域特征分析

（1）公共卫生高支出区域，包括北京、上海和西藏共 3 个直辖市、自治区。该区域的人均财政公共卫生支出最高，2000~2018年平均为797.81元/人，远远大于全国平均水平的390.79元/人。在该区域中，北京、上海分别是中国政治、经济的中心，享受到全国最大的公共卫生投入，其公共卫生支出较高是符合常理的。西藏也因为地理和政治等因素得到了不同于其他省份的"照顾"。从年均增长率来看，该地区是最低的，仅12.72%，这说明中国政府有追求公共卫生支出地区公平性的迹象。

（2）公共卫生中支出区域，包括天津、辽宁、吉林、黑龙江、江苏、浙江、福建、山东、湖北、广东、重庆、云南、甘肃、青海和新疆共15个省（自治区、直辖市）。该区域的人均财政公共卫生支出适中，2000~2018年平均为323.17元/人，略小于全国平均水平。该区域包括的省份最多，既有天津、辽宁、吉林、江苏、浙江、福建、山东和广东等东部沿海发达地区，又有云南、甘肃、青海和新疆等西部欠发达地区。从年均增长率来看，该区域也是适中的，为15.97%，略低于全国平均水平的17.42%。

（3）公共卫生低支出区域，包括河北、山西、内蒙古、安徽、江西、河南、湖南、广西、海南、四川、贵州、陕西和宁夏共13个省（自治区、直辖市）。该区域的人均财政公共卫生支出最低，2000~2018年平均仅为320.07元/人，低于全国平均水平。该区域中，大多数省份分布在中西部欠发达地区。从年均增长率来看，该区域是最高的，高达20.29%，高于全国平均水平，远远高于公共卫生高支出地区。

第二节　人均公共卫生支出的经济差异

单指标面板数据的聚类分析结果主要以人均公共卫生支出为依据，那么加入了经济实力因素，聚类分析结果又将如何？是否如以往学者所引用的"东、中、西"的划分方法，经济发展水平在其中扮演了重要的角色？鉴于此，本书在单指标"人均公共卫生支出"的基础上，加入了"人均GDP"这一经济指标，以充分考量经济发展水平在我国财政公共卫生支出区域划分中的地位。

一、变量选择与数据处理

本书所研究的样本数据为 2000~2018 年中国 31 个省（自治区、直辖市）人均公共卫生支出和人均 GDP 面板数据，为了探究不同省份公共卫生支出与其经济发展水平之间的影响关系，采用双指标面板数据的聚类分析方法，综合考虑人均财政公共卫生支出和人均 GDP 这两个指标的聚类结果，将全国 31 个省（自治区、直辖市）进行区域划分。在两次聚类过程中，首先，为了消除面板数据在时间上的变化特征，采用"降维"方法，对指标在时间维度上求均值，抽象为某一特定时间的情形；其次，为了显示出面板数据的时序特征，取指标的年均增长率作为辅助聚类指标；最后，综合两类指标进行分析，得出聚类结果。各省份财政公共卫生支出和GDP 的数据来源于 2001~2019 年《中国统计年鉴》、2001~2012 年《中国卫生统计年鉴》、2013~2017 年《中国卫生和计划生育统计年鉴》、2018~2019 年《中国卫生健康统计年鉴》；人口数据来源于历年的《中国人口统计年鉴》。本书对各省份人均财政公共卫生支出数据进行了医疗保健居民消费价格指数平减（各省份以 2000 年为基期）。

二、区域聚类分析结果

聚类分析结果如图 4-2 所示，第一步，聚类将各省份划分为两类：第一类包括北京、天津、内蒙古、上海、西藏、青海和宁夏 7 个省（自治区、直辖市）；第二类包括河北、山西、辽宁、吉林、黑龙江、江苏、浙江、安徽、福建、江西、山东、河南、湖北、广东、广西、海南、重庆、四川、贵州、云南、陕西、甘肃和新疆，共 24 个省（自治区、直辖市）。第二步，聚类将各省份分为两类：第一类包括北京、天津、辽宁、上海、江苏、浙江、福建、山东和广东 9 个省（直辖市）；第二类包括河北、山西、内蒙古、吉林、黑龙江、安徽、江西、河南、湖北、湖南、广西、海南、重庆、四川、贵州、云南、西藏、陕西、甘肃、青海、宁夏和新疆，共 22 个省（自治区、直辖市）。

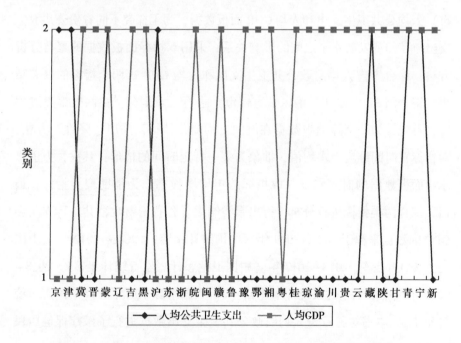

图 4-2　基于人均财政公共卫生支出和人均 GDP 指标的聚类结果

资料来源：根据模型计算结果整理得来。

综合图 4-2 中的聚类结果，可以把各省（自治区、直辖市）按区域划分为四类，其中各类区域人均财政公共卫生支出取值及其变化如表 4-2 所示。

表 4-2　2000~2018 年各类区域人均财政公共卫生支出变化量

年份	第一类区域 （元/人）	第二类区域 （元/人）	第三类区域 （元/人）	第四类区域 （元/人）	全国 （元/人）
2000	162.63	45.88	64.57	32.09	51.58
2001	188	52.78	86.78	35.04	59.95
2002	194.24	60.88	94.81	39.35	65.66
2003	244.75	72.6	108.82	47.15	79.15
2004	286.75	79.99	121.57	51.6	88.88
2005	328.85	93.97	144.1	64.87	106.27
2006	406.11	118.15	175.97	81.39	132.13
2007	553.63	159.18	316.38	128.1	199.59
2008	679.63	205.41	358.99	177.98	255.19
2009	750.43	279.32	495.26	272.78	348.98
2010	776.43	308.64	639.92	315.19	400.46
2011	908.89	396.48	745.6	416.18	502.55
2012	974.24	446.27	808	453.97	548.51
2013	1031.74	833.91	302.81	466.89	554.29
2014	1203.46	970.49	361.70	560.33	656.69
2015	1364.82	1129.27	414.49	647.47	757.02
2016	1495.12	1204.25	439.90	688.35	809.56
2017	1509.90	1424.89	466.88	738.21	879.88
2018	1589.15	1505.25	491.19	779.84	928.6
年度均值（元/人）	770.99	574.3	253.37	314.62	390.79
年均增长率（%）	13.5	19.74	13.1	19.73	17.42

资料来源：根据模型计算结果整理得来。

各类区域人均 GDP 的取值及其变化如表 4-3 所示。

表 4-3　2000~2018 年各类区域人均 GDP 变化量

年份	第一类区域（元/人）	第二类区域（元/人）	第三类区域（元/人）	第四类区域（元/人）	全国（元/人）
2000	23715	11602	5397	5654	7942
2001	26113	12591	6088	6128	8717
2002	29185	14002	6851	6711	9506
2003	33188	16157	8003	7614	10666
2004	39337	19027	9691	9104	12487
2005	44234	22404	11432	10525	14368
2006	49259	25824	13495	12102	16738
2007	56702	30505	17313	14805	20494
2008	63360	35581	21622	17775	24100
2009	66226	38669	23994	19323	26180
2010	74308	45462	28837	23490	30808
2011	83144	52970	35154	28602	36302
2012	88674	57833	39099	31976	39874
2013	95249	63336	42663	35159	43684
2014	100865	67983	45451	37818	47005
2015	106084	71772	47039	39364	50028
2016	116604	75008	49493	42329	53680
2017	124857	81525	49461	45831	59201
2018	130807	85638	52053	48194	62216
年度均值（元/人）	71153	43573	27007	23290	30210
年均增长率（%）	9.95	11.75	13.42	12.64	12.12

资料来源：根据模型计算结果整理得来。

三、区域特征分析

（1）第一类区域属于公共卫生支出和经济发展水平双高地区，包括北京、天津和上海 3 个直辖市。该区域的人均财政公共卫生支出与人均 GDP 的指标均值都是最高的，分别为 770.99 元/人和 71153 元/人，远远高于全国平均水平的 390.79 元/人和 30210 元/人。在该区域中，北京是我国的政治中心，上海是我国的经济中心，两个地区自然享受到全国最大的医疗卫生投入。天津在 2005 年滨海新区被纳入国家"十一五"规划和国家发展战略后，经济重新焕发活力，天津市政府在发展经济的同时也增加政府卫生的投入。自 2007 年以来，天津市启动了由政府购买、基层医疗卫生机构提供、居民免费享有的基本公共卫生服务，人民的健康水平得到不断提高，人均期望寿命由 78.92 岁提高到 2017 年的 81.19 岁。孕产妇死亡率连续控制在 10/100000 以内，婴儿死亡率连续控制在 6‰ 以内，人民健康指标达到发达国家水平。从年均增长率来看，该区域的政府卫生支出和经济水平增长率均较低，仅为 13.5% 和 9.95%，远小于全国平均增长率，这说明中国政府有追求社会公平，降低卫生资源配置不均衡这一方面的尝试，医疗卫生资源正在向新兴人口密集区域、医疗资源短缺地区调整。

（2）第二类区域属于公共卫生支出较低而经济发展水平较高地区，包括辽宁、江苏、浙江、福建、山东和广东 6 个省份。该区域人均财政公共卫生支出和人均 GDP 的指标均值居中，分别为 574.3 元/人和 43573 元/人，小于第一类区域，但高于全国平均水平。从年均增长率来看，该区域的政府卫生支出增长率远超全国平均增长率，是四个区域中最高的；经济水平增长率则低于全国平均增长率、第三类区域和第四类区域增长率。这说明该区域已经开始重视医疗卫生，在发展经济的同时，加快政府卫生的投入。

（3）第三类区域属于公共卫生支出较高而经济发展水平较低地区，该区域包括的省份最多，共 18 个。有隶属于东部地区的海南和河北，也有重庆、四川、云南、新疆、广西、贵州、陕西和甘肃等西部欠发达地区，还有安徽、山西、吉林、黑龙江、江西、河南、湖北、湖南等中部发展中城市。该区域的经济水平增长率是四类区域中最高的，但政府卫生支出年均增速低于全国平均增长率，是四类区域中最低的。这说明该区域更重视经济的发展，医疗卫生方面政府存在缺位现象。

（4）第四类区域属于公共卫生支出和经济发展水平均双低地区，包括内蒙古、西藏、宁夏、青海4个省（自治区）。该区域的政府卫生支出年均增速是最高的（19.73%），但年度均值只有314.62元/人。此外，该区域的4个省（自治区）是我国的四大牧区，处于少数民族地域、边远地域和高原地域。出于特殊的地理环境、文化历史等种种原因，这4个省（自治区）经济发展均较为缓慢，尽管年均增速较快（12.64%），但年度均值只有23290元/人。"看病难、看病贵"问题在该区域尤为严重。近几年来由于国家的政策倾斜加上地方政府的高度重视，该区域医疗卫生服务事业均得到普遍发展。例如，2011~2018年，青海省人均卫生费用从2011年的1923.12元增长到2018年的4513.49元。2018年，青海省人均卫生费用较全国3783.83元的人均水平高729.66元，但仍有很大的增长空间。

第三节　财政公共卫生支出泰尔指数的计算

关于公共卫生支出区域差异的测量方法，国内学者主要采用极差法、洛伦兹曲线法、Gini系数法、差异指数、不平等斜率指数及相对指数、集中曲线法、因子分析和快速聚类法。极差法、差异指数、集中曲线法等都只是对某一指标作单因素分析，没有考虑多个因素的作用，因子分析和快速聚类分析重点在于进行变量筛选和定性分析，不能对卫生支出的区域不均衡问题进行精确的测量。然而基尼系数的综合评价方法可以从多因素的角度来评价卫生支出的区域不均衡[①]。我国学者一般采用泰尔指数和基尼系数的方法，如王晓洁（2007）、王晓洁（2009）、许敏兰和罗建兵（2011）、戴静和张建华（2012）等。

考虑到基尼系数（Gini Coefficient）仅能从总体上描述不均等，而泰尔指数（Theil Index）不仅可以测算总体的不均等，还能分地区测算，因此本节在对区域差距进行面板数据的聚类分析之后，选用目前在测算公共卫生支出不均等问题方面更常用的泰尔指数进行相关验证。

一、数据说明与计算

作为衡量个人之间或者地区间收入差距（或者称不平等度）的指标，泰尔指数（Theil Index）主要通过分析人口与其相应收入的匹配程度来判断资源分布的公平性。当所有人拥有的收入相等时，收入分布就是绝对公平的；如果一部分人拥有的收入高于其人口比例时，也就代表这部分人所占有的收入偏离了平均值，这将引起不公平现象。如果人均获得的收入份额完全相同，那么表示每个人的收入与均值的差为 0；如果份额不相同，那么可以通过个体与均值差异大小的测算来计算不公平系数，偏离均值越大，说明越不公平。泰尔指数具有可分解性，可将总体差异分解为"区域内"差异和"区域间"差异。本书采用泰尔指数测算来分析财政公共卫生支出区域差距程度。计算公式如下：

各省份 p（p=1，…，31）的泰尔指数 TI_p 为：

$$TI_p = l_p \ln\left(\frac{l_p}{x_p}\right) \tag{4-1}$$

其中，l_p 表示各省份公共卫生支出占全国公共卫生支出的比重，x_p 表示各省份人口占全国人口的比重。于是，各省份总体的泰尔指数 TI 为：

---

① 王艳，周燕荣. 健康不公平性问题的测量方法 [J]. 中国卫生经济，2001，20（5）：40-42.

$$TI = \sum_{p=1}^{31} TI_p = \sum_{p=1}^{31} l_p \ln\left(\frac{l_p}{x_p}\right) \tag{4-2}$$

进而，如果将全国 31 个省份分为 R 个地区，那么各地区 r（r=1，…，R）的泰尔指数 TI_r 为：

$$TI_r = \sum \frac{l_p}{l_r} \ln\left(\frac{l_p}{l_r} \Big/ \frac{x_p}{x_r}\right) \tag{4-3}$$

其中，l_r 表示各地区公共卫生支出占全国公共卫生支出的比重，x_r 表示各地区人口占全国人口的比重。于是，地区内的泰尔指数 TI_{wr} 和地区间的泰尔指数 TI_{br} 分别为：

$$TI_{wr} = \sum_{p=1}^{31} \frac{l_p}{l_r} \left[\ln\left(\frac{l_p}{l_r} \Big/ \frac{x_p}{x_r}\right)\right] \tag{4-4}$$

$$TI_{br} = \sum_{r=1}^{R} l_r \ln \frac{l_r}{x_r} \tag{4-5}$$

考虑到数据的可获得性和分析的可行性，本书使用各省份人均财政公共卫生支出这个指标，采用单指标面板数据的聚类分析方法，将中国 31 个省份划分为了公共卫生高支出区域、公共卫生中支出区域和公共卫生低支出区域三类区域。本书沿用这一区域划分结果，进行区域内和区域间的泰尔指数的计算。根据式（4-2）、式（4-4）、式（4-5），便可计算出2000~2018 年各省份总体差距（TI）、区域差距（TI_{wr}）和省份差距（TI_{br}）。

二、财政公共卫生支出总体差距

从图 4-3 可以看出，中国财政公共卫生支出的总体差距呈现逐年下降趋势，TI 值从 2000 年的 0.2715 下降到 2012 年的 0.0587，12 年间差距缩减 4.63 倍，这与前面的分析结果是吻合的，即中国财政公共卫生支出的区域差距显著，但正逐步向区域间平衡的方向发展。从区域内差距结果来看，各地区间的差距不是特别明显，且也表现出先下降后上升的趋势，

TI_{wr}值从 2000 年的 0.2304 下降到 2018 年的 0.0328。从区域间差距结果来看，各地区的差距是非常明显的，但也出现了逐年递减的趋势，TI_{br}值从 2000 年的 0.0411 下降到 2018 年的 0.0260，18 年间差距缩减了 1.58 倍。由此可见，在我国财政公共卫生支出中，区域间的差距对总体差距产生了最大的影响。从泰尔指数的整体计算结果来看，中国财政公共卫生支出在各省份总体差距存在，然而，随着政府对公平性的重视，中国财政公共卫生支出在各省份间的差距正在逐年缩小。地区间的差距对总体差距的影响最大，缩小地区间财政公共卫生支出的差距对于全国财政公共卫生支出的平衡发展意义重大。

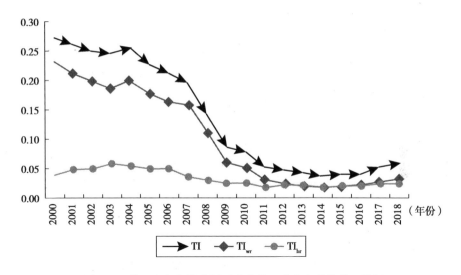

图 4-3　基于泰尔指数中国财政公共卫生支出总体差距结果

资料来源：根据模型计算结果整理得来。

三、财政公共卫生支出区域差距

根据式（4-3）可以计算各类区域的泰尔指数，具体如图 4-4 所示，这可以反映出中国财政公共卫生支出的区域间差距结果。不难发现，公共卫生低支出区域的泰尔指数最大，不过呈现逐年递减趋势，从 2000 年的 0.0564 下降到 2018 年的 0.0126，这说明该区域的中国财政公共卫生支出是最不足的，但逐年有所改善；公共卫生中支出区域的泰尔指数也从 2000 年的 0.0468，上升到 2004 年的 0.0879，然后逐年下降，到 2011 年为 0.0237，再上升到 2018 年的 0.4044，这说明该区域财政公共卫生支出变化较大；公共卫生高支出区域的泰尔指数是最小的，从 2000 年到 2006 年间波动变化较大，2007 年之后相对平稳，维持在 0.02 以内。此外，可以看到，图 4-4 中三根曲线均呈下降的趋势，说明随着医疗卫生体制的进一步改革，以及农村新型合作医疗制度和城镇居民基本医疗保险制度的进一步完善，公共卫生支出的地区间分布将会越来越公平。

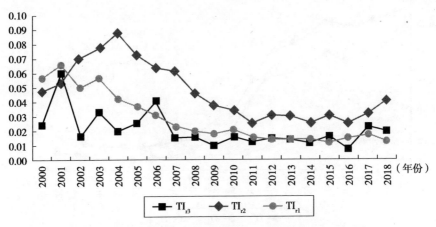

图 4-4　基于泰尔指数中国财政公共卫生支出区域差距结果

注：TI_{r1} 代表公共卫生低支出区域，TI_{r2} 代表公共卫生中支出区域，TI_{r3} 代表公共卫生高支出区域。

资料来源：根据模型计算结果整理得来。

四、财政公共卫生支出省份差距

本书计算出各省份 2000～2018 年泰尔指数的年份平均值，具体如

图 4-5 所示，这可以反映出中国财政公共卫生支出的省份间差距结果。不难发现，河南的泰尔指数是最高的，其次是湖南、四川、山东、安徽，这说明这些地区的公共卫生支出最不足。除山东外，这些地区都在公共卫生低支出区域，基本与前面用单指标面板数据的聚类分析方法得到的区域划分结果吻合。北京、上海、浙江、广东、天津等地区是泰尔指数最小的 5 个地区，这些地区的公共卫生支出是相对充足的，这也与前面用单指标面板数据的聚类分析方法得到的区域划分结果基本吻合。

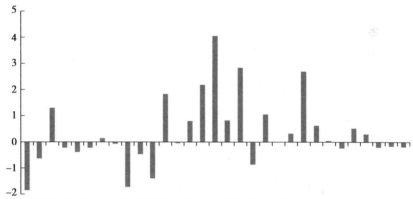

图 4-5　基于泰尔指数中国财政公共卫生支出的省份差距结果

资料来源：根据模型计算结果整理得来。

第四节　主要的研究结论

我国政府在新医改中明确提出，要实现基本公共医疗卫生服务的均等化，逐步缩小城乡居民基本公共卫生服务差距。保障基本公共卫生服务公平性的实现也就是保证基本公共卫生服务均等化的实现。通过以上两节的分析，我们可以清楚地看到：财政公共卫生支出存在区域不均衡现象，但正逐年缩小，区域间绝对差距拉大但相对差距逐渐缩小，区域财政公共卫生支出水平与经济发展水平不完全吻合。

一、财政公共卫生支出区域不均衡但正逐年缩小

单指标面板数据的聚类分析结果表明，中国财政公共卫生支出呈现出严重的区域不均衡，公共卫生高支出区域的人均财政公共卫生支出是公共卫生低支出区域的 2.05 倍。随着中国政府对公共卫生支出公平性的日益重视，我们看到，公共卫生中低支出区域的人均财政公共卫生支出的增长速度远高于公共卫生高支出区域，这有利于各类区域走向相对平衡。第三章对财政公共卫生支出的规模与结构的分析，也充分证明我国财政公共卫生支出区域不均衡现象的存在。但是不管是从相对规模、绝对规模还是区域间的泰尔指数的计算，我们同样可以看到，国家为了缩小财政公共卫生支出区域间的差距，正不断地付出努力，区域不均衡现象有逐年缩小的趋势。

二、支出区域间绝对差距拉大但相对差距逐渐减少

根据泰尔指数法计算，公共卫生高支出区域在公共卫生支出分配中处于优势地位，且少数省份在公共卫生支出中处于强势地位，而处于劣势地位的相当多数省份都居于中低支出区域。但随着公共卫生服务均等化目标的提出，公共卫生资源的分配和使用日趋公平和合理，三类区域公共卫生支出的泰尔指数值均有所减少，尤其是低支出区域和中支出区域比较明显。

三、区域财政公共卫生支出水平与经济发展水平不完全吻合

由于各省份之间经济发展水平不同，各地区之间政府的财政能力也有所不同，进而造成居民收入分配存在差异。因此，经济发展水平是导致各地区财政公共卫生支出分布不公平的重要原因之一。但这并不代表各地区的财政公共卫生支出水平与地区经济发展水平是完全吻合的。从双指标面板数据聚类分析结果来看，经济发展水平在我国财政公共卫生支出区域划分中，并不是唯一的因素。经济发展水平高的区域并不意味着该区域公共卫生支出也高，如第二类区域。但是，可以肯定的是，经济发展水平较弱的区域，他们的公共卫生支出一般也较低，如第四类区域，这样的省份有18个。不过，也有例外，如第三类区域，经济发展水平低也不代表着公共卫生支出也低，这样的省份并不多，仅有4个。

第五章
中国财政公共卫生支出绩效总体评价

随着新医改的不断深入，政府部门对公共卫生的投入迅速增长，卫生资源的合理配置问题也得到较大程度的改善。在这种背景下，提高财政公共卫生支出绩效引起了社会各界的高度重视，成为国内外学者关注的一个研究热点。本章首先阐述衡量财政公共卫生支出总体绩效的指标和方法，其次使用序列型两阶段 DEA 模型对财政公共卫生支出绩效进行测度，最后从全国、省域和区域三个层面评价我国财政公共卫生支出的绩效。

第一节 总体评价财政公共卫生支出绩效的
指标与方法

对财政公共卫生支出的绩效进行评价，需要根据相关的原则和标准，选取科学的指标，采用规范的评价方法。本节主要阐释了衡量财政公共卫生支出绩效的指标和测度方法。

一、总体衡量财政公共卫生支出绩效的指标

经济学中的绩效，指的是资源配置达到帕累托状态。财政支出绩效一般包括财政支出的资源配置效率和生产效率，而财政公共卫生支出绩效是

一个特殊的绩效范畴，包括配置效率和提供效率两类。相应地，衡量财政公共卫生支出绩效的指标就分为配置效率指标和提供效率指标两类。财政公共卫生支出的配置效率是指财政公共卫生支出由于分配比例的不同所造成的配置比例的差异，配置效率指标主要包括：医疗服务和卫生保健服务的配置、公共卫生服务在不同地区之间的配置、公共卫生服务在城乡之间的配置和提供服务的各层级之间的配置；财政公共卫生支出的提供效率主要是通过对单位卫生资源所提供的服务量的比较得到的。提供效率指标主要包括：卫生机构数、卫生人员数、卫生机构床位数、人均医务人员门诊人次、病床使用率、病床周转次数、甲乙类法定报告传染病发病率和死亡率等。

二、总体测度财政公共卫生支出绩效的方法

财政公共卫生支出总体绩效的分析方法主要是非参数分析方法——FDH 法（Free Disposable Hull Analysis）和 DEA 法（Data Envelopment Analysis）。我国学者一般采用 DEA 方法研究财政公共卫生支出绩效。数据包络分析（Data Envelopment Analysis，DEA），是集运筹学、管理科学和数理经济学交叉研究的一个新兴领域，是用来评价一组具有多项投入指标和多项产出指标的决策单元（Decision Making Units，DMUs）之间的相对效率的数量分析方法。Charnes、Coopor 等于 1978 年开始创建第一个 DEA 模型（CCR 模型）[1]，自此，DEA 方法受到人们广泛的关注，并应用于各个不同的行业及部门。

DEA 方法是一种线性规划方法，具备很多优点，例如，它无须人为地确定各指标的权重系数，也不需要提前确认投入与产出间的函数关系，且

---

[1]　Charnes A., Cooper W. W. and Rhodes E. Measuring the Efficiency of Decision Making Units [J]. European Journal of Operation researches, 1978, 2 (6)：429—444.

其最优效率评价指数与输入量和输出量的量纲选择无关，因此保证了方法的客观性，也避免了设定的偏差和数据量纲化的问题。它能有效地揭示效率的内涵，能对决策单元最优的投入产出方案进行充分的考量，较完美地诠释评价对象的信息与特点，并能较好地对复杂系统的多投入多产出进行分析评价。当然，DEA 方法也具有一定的局限性，例如，权重的主观选择可能造成效率的高估，多项投入与多项产出的指标间要求彼此非相关，势必增加指标选取工作量等。这些局限性引起了学者对不同的网络 DEA 模型的研究，序列型两阶段 DEA 模型就是其中之一。

由于现实生活中的生产过程大都是多阶段的生产，而以往的 DEA 模型评价的只是单阶段生产过程的绩效问题，这就容易造成将多阶段的生产过程简化成单阶段的生产过程进行评价，或是将多阶段的生产过程分解成一个个的阶段进行评价。简化往往忽略了中间各个阶段的输入与产出，只能考虑最初的投入及最终的产出；分解又只能对各个阶段进行评价，无法测算出整个生产过程的相对绩效。所以，不管是简化还是分解，得到的最终结果必定与实际绩效不相符。既然可以简化，也就意味着每个阶段生产过程中的投入与产出数据是可以获得的，序列型两阶段 DEA 模型基于此产生，既考虑了每个阶段的有效性，同时又兼顾了整个生产过程的相对效率。其将整个生产过程划分成两个阶段，前后两个阶段的权重是相互关联的，前一阶段的输出权重是后一阶段的输入关系，且对两个阶段的输入与输出效率及整个生产过程的绩效都进行了评价。对序列型两阶段 DEA 模型的研究，大大推进了网络 DEA 模型研究的发展。

不过，从以往综述来看，对财政公共卫生支出的总体绩效测度上，现有文献选取的指标不一，且均没有很好地区分财政公共卫生支出、卫生资源与经济社会效益的关系，这不利于对财政公共卫生支出的效率进行测度。事实上，财政公共卫生支出首先影响卫生资源的改善，卫生资源有了良好的改善后，进而产生经济社会效益。所以，要计算财政公共卫生支出总体绩效，必须厘清这层关系，将投入产出的关系分为两个阶段，即第一阶段是卫生资源的改善，第二阶段是经济社会效益的产生。

第二节 总体评价财政公共卫生支出绩效的实证研究

一、数据说明与变量选取

本节所研究的样本数据为 2000～2018 年中国 31 个省份财政公共卫生支出数据。各类数据主要来源于 2001～2019 年《中国统计年鉴》、2001～2012 年《中国卫生统计年鉴》、2013～2017 年《中国卫生和计划生育统计年鉴》、2018～2019 年《中国卫生健康统计年鉴》。

在评价中国财政公共卫生支出的总体绩效时，本书选取人均公共卫生支出（gemhc_pop）作为反映公共卫生支出的指标，选取人均医疗卫生机构（hci_pop）、人均卫生人员（mp_pop）和人均医疗卫生机构床位（nb_pop）作为反映卫生资源的指标，选取人均国内生产总值（gdp_pop）、甲乙类法定报告传染病发病率（incidence）和死亡率（death rate）作为反映社会经济效益的指标。其中，国内生产总值根据各省份 2000 年的国内生产总值和不变价格的生产指数（以 2000 年为基期）推算得到，甲乙类法定报告传染病发病率缺失 2000～2001 年的数据，这里采用线性插值法进行填补。

于是，通过以上的处理，本书所用变量的简单统计概述如表 5-1所示。

表 5-1　各类变量的统计描述

变量	观察数	平均值	标准差	最小值	最大值
医疗卫生财政支出 （亿元）	558	131.35	150.48	2.35	1028.69
医疗保健居民消费价格指数 （2000 年为 1）	558	1.38	1.81	0.85	13.53
医疗卫生机构 （个）	558	20431.84	19124.67	1237	81403
卫生人员 （人）	558	246331.10	173077.20	10058	917894
医疗卫生机构床位 （万张）	558	15.40	11.11	0.60	58.48
国内生产总值 （亿元）	558	9349.31	9714.59	117.46	54727.36
国内生产总值生产指数 （以上年为 1）	558	1.10	0.04	0.98	1.24
总人口 （万人）	558	4258.18	2695.86	262	11169
甲乙类法定报告传染病发病率 （1/100000）	558	282.02	148.37	21.08	1470.11
死亡率 （%）	558	6.00	0.70	4.21	7.84

资料来源：根据各类统计年鉴中的数据整理得来。

二、序列型两阶段 DEA 模型的构建

公共卫生支出、卫生资源与经济社会效益三者之间的关系如何？本书认为，公共卫生支出直接影响卫生资源的改善，卫生资源有了良好的改善后，进而产生经济社会效益。所以，要测度公共卫生支出总体绩效，必须厘清这层关系，将投入产出的关系分为两个阶段，即第一阶段是卫生资源

的改善，第二阶段是经济社会效益的产生，具体如图 5-1 所示。

图 5-1　公共卫生支出、卫生资源与经济社会效益关系

本书采用毕功兵等[①]的三步法，求解该序列型两阶段 DEA 模型，将公共卫生支出记为 X，且 $X = x \in R_+$，卫生资源记为 I，且 $I = (i_1, \cdots, i_N) \in R_+^N$，经济社会效益记为 Y，且 $Y = (y_1, \cdots, y_M) \in R_+^M$。

第一步：卫生资源改善绩效评价，记 θ_{1p}^t 为省份 p 在时间 t 卫生资源改善阶段的效率值。

$$\text{Min}_{\theta, z_{1, p}} \quad \theta_1$$

$$\text{s. t.} \quad \sum_{p=1}^{30} z_{1, p} x_p^t \leqslant \theta_1 x_{p'}^t$$

$$\sum_{p=1}^{30} z_{1, p} i_{p, n}^t = i_{p', n}^t, \quad n = 1, \cdots, N$$

$$z_{1, p} \geqslant 0, \quad p = 1, \cdots, 30 \tag{5-1}$$

第二步：经济社会效益产生绩效评价，记 $1/\theta_{2p}^t$ 为省份 p 在时间 t 经济社会效益产生阶段的效率值。

$$\text{Max}_{\theta, z_{2, p}} \quad \theta_2$$

$$\text{s. t.} \quad \sum_{p=1}^{30} z_{2, p} i_{p, n}^t = i_{p', n}^t, \quad n = 1, \cdots, N$$

$$\sum_{p=1}^{30} z_{2, p} y_{p, m}^t \geqslant \theta_2 y_{p', m}^t, \quad m = 1, \cdots, M$$

$$z_{2, p} \geqslant 0, \quad p = 1, \cdots, 30 \tag{5-2}$$

第三步：所有阶段的效率评价，记 θ_p^t 为 t 时间省份 p 的公共卫生支出

---

① 毕功兵，梁樑，杨锋. 两阶段生产系统的 DEA 效率评价模型 [J]. 中国管理科学，2007 (4)：92-96.

绩效值。

$$\text{Min}_{\theta,\,z_p} \quad \theta$$

$$\text{s. t.} \quad \sum_{p=1}^{30} z_p \hat{x}_p^t \leqslant \theta x_{p'}^t$$

$$\sum_{p=1}^{30} z_p \hat{y}_{p,\,m}^t \geqslant y_{p',\,m}^t, \quad m = 1,\,\cdots,\,M$$

$$z_p \geqslant 0,\ p = 1,\,\cdots,\,30$$

$$\hat{x}_p^t = \theta_{1p}^t x_p^t,\quad \hat{y}_{p,\,m}^t = \theta_{2p}^t y_{p,\,m}^t \tag{5-3}$$

具体地，本书选取人均公共卫生支出（gemhc_pop）作为卫生资源改善阶段的投入指标，选取人均医疗卫生机构（hci_pop）、人均卫生人员（mp_pop）和人均医疗卫生机构床位（nb_pop）作为卫生资源改善阶段的产出指标，人均医疗卫生机构（hci_pop）、人均卫生人员（mp_pop）和人均医疗卫生机构床位（nb_pop）也即为经济社会效益产生阶段的投入指标，选取人均国内生产总值（gdp_pop）、甲乙类法定报告传染病发病率（incidence rate）和死亡率（death rate）作为经济社会效益产生阶段的产出指标。

三、模型结果与政策含义

（一）全国公共卫生支出的绩效评价

根据式（5-1）、式（5-2）、式（5-3），可以分别计算出卫生资源改善绩效、经济社会效益产生绩效，以及区分卫生资源改善、经济效率效益产生两个阶段下的公共卫生支出绩效。全国平均结果如表5-2所示。

表5-2　2000~2018年中国公共卫生支出绩效

年份	卫生资源改善绩效	经济社会效益产生绩效	公共卫生支出绩效
2000	0.7019	0.8965	0.3225

续表

年份	卫生资源改善绩效	经济社会效益产生绩效	公共卫生支出绩效
2001	0.7798	0.8853	0.4808
2002	0.7877	0.8646	0.5002
2003	0.7885	0.8942	0.5147
2004	0.8049	0.8994	0.4836
2005	0.8139	0.9115	0.4814
2006	0.7747	0.9012	0.4897
2007	0.8113	0.9044	0.4698
2008	0.8197	0.8513	0.5211
医改前（2000~2008）	0.7869	0.8898	0.4738
2009	0.8501	0.9083	0.5634
2010	0.8663	0.9249	0.6232
2011	0.8730	0.9384	0.6493
2012	0.8811	0.9393	0.6825
2013	0.7012	0.9385	0.1949
2014	0.6853	0.9484	0.1935
2015	0.7094	0.9448	0.1883
2016	0.7448	0.9450	0.1949
2017	0.7162	0.9475	0.1931
2018	0.7170	0.9505	0.2007
医改后（2009~2018）	0.7744	0.9386	0.3870
总平均	0.7808	0.9155	0.4183

资料来源：根据省级数据和模型计算结果整理得来。

根据表5-2可以看出，2000~2012年三种效率值大致呈现上升趋势。卫生资源改善绩效从2000年的0.7019上升到2012年的0.8811，2000~2012年平均为0.8118，这说明中国将医疗卫生财政支出转化为卫生资源改善的效率正在逐步提高。经济社会效益产生绩效从2000年的0.8965上升到 2012 年的 0.9393，2000~2012 年平均为 0.9015，这代表中国通过卫生资源的改善产生经济社会效益的效率也在逐渐提高。公共卫生支出绩效从 2000 年的 0.3225 上升到 2012 年的 0.6825，2000~2012 年平均为 0.5217，这意味着尽管中国公共卫生支出总体绩效处于较低的水平，但正在逐步提升。从表 5-2 中我们还可以看到，不管是卫生资源改善绩效、经济社会效益产生绩效，还是区分卫生资源改善、经济社会效益产生两个阶段下的公共卫生支出绩效在 2012 年达到最高值后开始逐年下降，到 2018 年才有所回升，但相对于 2012 年，还是处于较低水平，只有 0.2007，低于全国平均水平。

此外，通过表 5-2 不难发现，区分卫生资源改善、经济社会效益产生两个阶段下的公共卫生支出绩效远远小于卫生资源改善绩效和经济社会效益产生绩效，这与本书构建的序列型两阶段 DEA 模型的基本思想有关。在式（5-3）中，DEA 投入和产出的前沿生产面的构造分别基于卫生资源改善和经济效率效益产生两个阶段的最优投入和最优产出，于是在计算公共卫生支出总体绩效时，原始值很容易远远小于最优投入和最优产出构造的前沿生产面，绩效值便自然会比较小。

（二）省域公共卫生支出的绩效评价

根据表 5-3 可以看出，对于卫生资源改善绩效，四川、西藏、湖南、上海、北京、甘肃、河南等省份的绩效最高，其中，四川高达 0.9736；宁夏、青海两省份的绩效最低，其中宁夏仅 0.4638；对于经济社会效益产生绩效，上海、江苏、福建、广东和西藏等省份的绩效最高，均为 1.0000；山西、吉林、陕西、黑龙江和辽宁等省份的绩效最低，其中山西仅 0.6577；对于政府卫生支出绩效，四川的绩效最高，达到 0.8153，位居其后的贵州也只有 0.6722，西藏、北京、上海、宁夏等省份的绩效最低，其中西藏仅 0.1181。

表 5-3 2000~2018 年中国各省份公共卫生支出绩效

省份	卫生资源改善绩效	经济社会效益产生绩效	公共卫生支出绩效
北京	0.9135	0.9603	0.1376
天津	0.8666	0.9728	0.3234
河北	0.8602	0.9183	0.4746
山西	0.7675	0.6577	0.3177
内蒙古	0.6678	0.8130	0.3102
辽宁	0.6975	0.7927	0.4179
吉林	0.7717	0.7183	0.3528
黑龙江	0.8160	0.7772	0.3722
上海	0.9213	1.0000	0.2820
江苏	0.7812	1.0000	0.4562
浙江	0.6548	0.9315	0.3592
安徽	0.7707	0.9818	0.4634
福建	0.6935	1.0000	0.4368
江西	0.6472	0.9534	0.4115
山东	0.8605	0.8888	0.5442
河南	0.9029	0.9673	0.6263
湖北	0.7620	0.9471	0.4460
湖南	0.9483	0.9418	0.6290
广东	0.7043	1.0000	0.4199
广西	0.7519	0.9737	0.4761
海南	0.8429	0.9625	0.3636
重庆	0.7853	0.9407	0.6509
四川	0.9736	0.9176	0.8153
贵州	0.7341	0.9930	0.6722
云南	0.8438	0.9793	0.3964
西藏	0.9610	1.0000	0.1181
陕西	0.8514	0.7243	0.4073

省份	卫生资源改善绩效	经济社会效益产生绩效	公共卫生支出绩效
甘肃	0.9088	0.9945	0.5114
青海	0.4764	0.9476	0.3149
宁夏	0.4638	0.8190	0.2961
新疆	0.6996	0.8451	0.5387
平均	0.7839	0.9135	0.4304

资料来源：根据省级数据和模型计算结果整理所得。

（三）区域公共卫生支出的绩效评价

从第一节分析中，我们知道：公共卫生高支出区域，包括北京、上海和西藏共3个省份；公共卫生中支出区域，包括天津、辽宁、吉林、黑龙江、江苏、浙江、福建、山东、湖北、广东、重庆、云南、甘肃、青海和新疆共15个省份；公共卫生低支出区域，包括河北、山西、内蒙古、安徽、江西、河南、湖南、广西、海南、四川、贵州、陕西和宁夏共13个省份。通过计算分析，这几类区域的公共卫生支出绩效情况如表5-4所示：

表5-4 2000~2018年中国各类区域公共卫生支出绩效

区域	卫生资源改善绩效	经济社会效益产生绩效	公共卫生支出绩效
高支出区域	0.9058	0.9817	0.2207
中支出区域	0.7943	0.8993	0.5311
低支出区域	0.8101	0.8855	0.5803
平均	0.8367	0.9222	0.4440

资料来源：根据省级数据和模型计算结果整理所得。

根据表5-4，我们可以发现：对于卫生资源改善绩效，首先是高支出区域的绩效最高，达到 0.9058，其次是低支出区域、中支出区域；对于经济社会效益产生绩效，首先是高支出区域的绩效最高，达到 0.9817，其次是中支出区域、低支出区域；对于公共卫生支出绩效，首先是低支出区域的绩效最高，达到 0.5803，其次是中支出区域、高支出区域。

为了与以往的研究进行对比，本书也运用同样的方法对我国的东部、中部和西部进行分析（见表 5-5）。

表 5-5　2000~2018 年中国各地区公共卫生支出绩效

地区	卫生资源改善绩效	经济社会效益产生绩效	公共卫生支出绩效
东部	0.7957	0.9500	0.3910
中部	0.7838	0.8619	0.4366
西部	0.7698	0.9161	0.4721
平均	0.7831	0.9093	0.4332

资料来源：根据省级数据和模型计算结果整理所得。

关于中国东部、中部和西部公共卫生支出绩效的研究，国内很多学者普遍持两个观点：①区域间差异明显；②支出绩效东部最高，中西部较低。那么，区分卫生资源改善和经济社会效益产生绩效两个阶段下的公共卫生支出绩效的情况是不是这样的呢？根据表 5-5，我们可以发现：对于卫生资源改善绩效，首先是东部的绩效最高，达到 0.7957，其次是中部和西部；对于经济社会效益产生绩效，首先是东部的绩效最高，达到 0.9500，其次是西部、中部；对于公共卫生支出绩效，首先是西部的绩效最高，达到 0.4721，其次是中部、东部。可见，东、中、西区域差距存在，但东部除了卫生资源改善绩效和经济社会效益产生绩效最高外，公共卫生支出绩效低于中部和西部。

第三节　主要的研究结论

由于我国各地区经济发展不均衡和财政分权体制的构建，导致各地区在人均国内生产总值及财政收入上有着较大的不同。同时，由于公共卫生管理体制和市场化程度的影响，各地区在公共卫生服务领域的投入及产出绩效上也存在很大差异，此差异最终会对各地区的经济、社会发展以及我国目前的公共卫生支出体制改革产生显著影响。通过以上两节的分析，我们可以清楚地看到：财政公共卫生支出的总体绩效不高但正逐步提升，我国财政公共卫生支出配置效率区域差异明显，财政公共卫生投入与产生的经济效益非正相关。

一、财政公共卫生支出的总体绩效不高但正逐步提升

随着我国医疗卫生体制改革的不断深入，政府不断增强其在公共卫生领域的主导作用，在不断加大公共卫生投入规模的同时，也关注这些投入所产生的实际经济社会效率，提高财政公共卫生资金的使用效率和价值意义。本章采用面板数据的聚类分析方法，对我国财政公共卫生支出总体绩效进行了实证分析，进而发现，2000~2018 年全国卫生资源改善绩效、经济社会效益产生绩效，以及区分卫生资源改善、经济效率效益产生两个阶段下的公共卫生支出绩效值都不高，大部分省份的绩效值都小于 1，尤其是公共卫生支出效率甚至低于平均值。有研究显示，尽管新医改过后我国一直在加大对医疗卫生的投入，但是医疗卫生资源的配置及利用水平并没有跟上，技术进步的下降是导致医疗卫生投入产出效率下降的最主要因

素。[①] 公共卫生支出可以适当向高端技术领域倾斜，并通过提高医疗卫生资源管理水平提升公共卫生支出效率。不过，我们也应看到，从 2000 年起，卫生资源改善效率、经济社会效益产生效率均呈现上升趋势。这说明我国整体卫生资源配置效率正在逐步提升，这必将推动我国的医疗卫生事业朝向积极、健康、有序的轨道发展。

二、财政公共卫生支出配置效率区域差异明显

目前我国区域间财政公共支出存在不平衡现象，主要是由各区域间发展条件的不均衡决定的。各个地区之间，由于自然资源、文化习俗和地理环境等不同因素导致了区域间经济发展的快慢，而区域间经济发展的不平衡势必造成财政公共卫生支出区域的不均衡。本书发现，不管是以哪种区域划分方法，无论是高、中、低支出区域划分还是东部、中部和西部的划分，财政公共卫生支出配置效率区域差异都十分明显。有研究还表明，地区总差异的变动主要受区域内差异的影响，并且两者差异变动的趋势也较一致。[②] 因此，针对财政公共卫生支出绩效存在的区域差异性问题，政府应对区域间的卫生资源进行有效的配置与规划，制定合理的公共卫生管理政策，进一步提升财政公共卫生支出的效率和公平性。

三、财政公共卫生投入与产生的经济效益非正相关

边际产量递减规律提示我们，在投入到一定程度后，继续投入，其产量的增长速度将持续减弱，直至停止增长。通过上节对省域和区域财政公

---

① 朱德云，袁月，高平. 财政分权对地方财政医疗卫生支出效率的非线性影响 [J]. 财经科学，2020（8）：118-132.

② 裴金平，刘穷志. 中国财政医疗卫生支出的泰尔差异与效率评价 [J]. 统计与决策，2017（24）：80-83.

共卫生支出绩效的评价，我们发现，边际产量递减规律同样在财政公共卫生支出上发生作用，同样存在高投入未必就有高产出的现象。卫生资源改善绩效高并不意味所带来的经济社会效益产生的绩效高，如河南、湖南、四川等；卫生资源改善绩效和经济社会效益产生的绩效高并不代表公共卫生支出绩效高，如西藏。因此，政府对公共卫生的投入与所产生的经济社会效益并非都是正相关的，一味认为只有增加财政公共卫生支出的比重才能提升其经济社会效益的观点并不是科学的。政府应该逐渐完善公共卫生的财政投入模式，提升财政公共卫生支出投入的效率，根据各省份财政公共卫生支出产生绩效的不同特点有针对性地进行财政投入。具体而言，政府应结合各地方公共卫生支出所产生的经济社会效益这一实际，重点把握对各地域财政公共卫生投入的合理程度，寻求以较合理的投入数量产生最佳的经济社会效益。

第六章

中国财政公共卫生支出绩效的
维度分析

"取之于民"的公共财政更应"用之于民",它的公共性表明国家应该为社会大众提供更为高效的服务与产品。这就要求公共财政支出不但要注重投入的规模,还应注重投入的效果。对公共财政进行绩效监控,才能充分保证支出使用的效率与效益。本章首先介绍从维度上评价财政公共卫生支出绩效的指标与方法,其次采用层次分析法计算指标权重,最后利用中国 2000 年后 31 个省份的统计数据,对财政公共卫生支出绩效的维度进行分析并得出相关结论。

第一节　从维度上评价财政公共卫生
支出绩效的指标与方法

随着公共卫生投入和服务项目数量逐年增加,以及公共财政体制改革的不断深化,财政公共卫生支出的绩效情况已成为政府和社会关注的焦点。对财政公共卫生支出进行科学的绩效评价,探究在支出有限的情况下,如何实现最佳的社会产出和经济产出,能够为组织与管理提供科学依据。本节主要阐述财政公共卫生支出绩效维度指标的构建和度量的方法。

一、构建财政公共卫生支出绩效维度的指标

公共卫生系统较为复杂，对财政公共卫生支出的绩效维度进行评估，仅采用一个或几个单一指标是远远不够的，需要对多个指标进行测量。

依据绩效评价的一般方法，评价财政公共卫生支出的绩效维度，其指标的选择主要包括两个层面：①基础类指标，是指公共卫生支出的投入类、产出类、结果类和影响类四类指标，利用这四类指标分别度量公共卫生支出的投入、产出、结果和影响四个方面的实际水平。②评价类指标，是指经济性、效率性、效益性和公平性四类指标。在选取指标时，主要遵循系统性、适用性和可操作性原则。关于系统性原则，财政公共卫生支出评价指标体系是一个有机的整体，应严格遵循"投入—产出—结果—影响"的逻辑思路，设计和筛选评价指标。关于适用性原则，评价指标体系中每个指标的选择，应不夸大也不缩小评价结果，指标之间不冲突、不重复。关于可操作性原则，指标的选择应考量现实条件与可操作性，在相关指标数据来源明确，可获得的基础上进行评价。

近年来，财政与卫生管理部门为构建财政公共卫生支出绩效评价体系进行了一系列的探索，出台了相应的指导文件，如2008年卫生部关于印发《公共卫生项目支出绩效考核暂行办法》的通知（卫规财发〔2008〕22号），2015年卫计委关于印发《国家基本公共卫生服务项目绩效考核指导方案》的通知（国卫办基层发〔2015〕35号）均列出一系列的指标，供各公共卫生项目绩效考评时选用。但目前我国财政公共卫生支出绩效评价体系仍然存在很多不足，如绩效评价重局部轻整体，重分配轻绩效等。因此，本书对财政公共卫生支出绩效维度指标的选择提出一些建议，但在具体操作上还有待进一步的探索。

二、度量财政公共卫生支出绩效维度的方法

关于财政公共卫生支出绩效维度的指标设计方法，Fenwick（1995）提出了绩效评价的"3E"原则，认为绩效评价的指标应包含经济性（Economic）、效率性（Efficiency）和有效性（Effectiveness）三个方面[①]。依据"3E"原则国内外学者开始对公共支出绩效评价开展大量的研究，伴随着新公共管理运动的兴起及绩效管理理论的日益发展，公平性（Equality）也逐渐成为评价公共支出绩效的指标之一，"4E"原则成为学者们评价公共支出绩效的基本原则。本书依据绩效评价的"4E"原则，构建财政公共卫生支出绩效维度评价的指标体系。

确定财政公共卫生支出绩效指标权重的方法主要有问卷调查统计法、文献综述法、专家评定法等。①问卷调查统计法，通过事先设计的问卷问题，列出各项指标项并划分不同的等级，让调查对象进行选择判断，再将调查的结果进行统计，以计算出来的排序指数的大小来确定指标权重的大小。②文献综述法，通过对相关文献的阅读与理解，对绩效考核的研究现状和成果进行综合整理，在借鉴国内外绩效考核评价研究的基础上，筛选并确定绩效考核指标。③专家评定法，主要通过邀请有经验的专家及学者对各项指标的重要程度进行判断，并结合专家学者的意见来确定指标权重的大小。④层次分析法，是将定性分析与定量分析相结合的多目标决策方法。这种方法主要应用于多指标综合评价模型中，采用系统分析的方法，根据所设定的目标对评价对象按支配关系进行连续性分解，以最底层的评价指标所达到的程度为基础，构建有序的递阶层次结果，对评价对象进行总评价，然后依据评价结果的大小来判断评价对象的优劣等级。本书主要采用层次分析方法来构建财政公共卫生支出绩效维度评价的指标体系。

---

① John Fenwick. Managing Local Government [M]. London, Chapman and Hall, 1995.

第二节　财政公共卫生支出绩效
维度的实证研究

一、数据说明与变量选取

本节所研究的样本数据为 2000～2018 年中国 31 个省份财政公共卫生支出数据。各类数据主要来源于 2001～2019 年《中国统计年鉴》、2001～2012 年《中国卫生统计年鉴》、2013～2017 年《中国卫生和计划生育统计年鉴》、2018～2019 年《中国卫生健康统计年鉴》。

参照《国家基本公共卫生服务项目绩效考核指导方案（2015）》，在选取财政公共卫生支出绩效指标时，本书将经济性、效率性、效益性、公平性这四个指标作为一级指标：①经济性指标，侧重反映公共卫生投入的规模与强度；②效率性指标，侧重反映投入与产出比较；③效益性指标，侧重反映"产出物"对公众整体健康和公共卫生环境有何影响；④公平性指标，侧重反映区域差异和城乡差异。

本书选取的二级指标为投入、产出、结果和影响这四个指标。在此基础上，本书分析所选取的评价财政公共卫生支出绩效的具体指标。

（1）投入类指标。主要是指财政公共卫生支出的情况，具体可通过人均公共卫生支出、财政公共卫生支出占 GDP 的比重、财政公共卫生支出占财政支出的比重、公共卫生支出占卫生总费用的比重这四大指标来体现。

（2）产出类指标。主要是指财政公共卫生支出所直接产生的卫生服务及产品，可细化为卫生服务可及性和卫生服务利用率两类指标。卫生服务可及性，是指人们能够获得的基本卫生服务，指标细化为每万人口卫生技术人员数、每万人口医疗机构床位数、每万人拥有执业医师数。卫生服务利用率，是指使用特定医疗资源所达到的程度，主要通过专业公共卫生机构数、专业公共卫生机构床位使用率、专业公共卫生机构诊疗人次数和甲乙类传染病发病率这4个指标表现。其中，由于传染病主要是控制二次传染来降低传染病的发病率，如果甲乙类传染病发病率越低，表明卫生服务利用率高，绩效也越高，所以它应归于卫生服务利用率，而不是归于卫生服务水平。

（3）结果类指标。财政公共卫生支出产生的结果，可通过卫生服务水平、健康水平结果和患病风险保障来体现。卫生服务水平选用人口死亡率、新生儿死亡率、婴儿死亡率、5岁以下儿童死亡率和孕产妇死亡率这五个指标来表示。健康水平结果用人均期望寿命来间接反映。患病风险保障通过城镇居民医疗支出占消费支出比重和农村居民医疗支出占消费支出比重来间接体现。

（4）影响类指标。财政公共卫生支出所期望达到的结果应是改善人民群众的健康水平，有效并公平地配置卫生资源，因此，通过卫生支出公平性来衡量。卫生支出公平性则通过卫生支出地区差异泰尔指数和城乡居民医疗支出比来表示。

据此架构财政公共卫生支出绩效维度评价四级指标体系框架，如图6-1所示，其中，一级指标4个、二级指标4个、三级指标7个、四级指标21个。

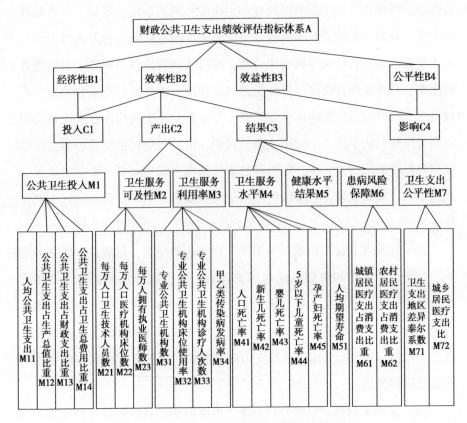

图6-1　财政公共卫生支出绩效评价指标体系

二、层次分析法确定指标权重

（一）层次分析法原理

层次分析法（Anyalytic Hierarchy Process，AHP）由美国运筹学家托马斯·塞蒂（T. L. Saaty）于20世纪70年代初提出。该方法将与总评价目标有关的指标分解为多个层次，在此基础上进行定性与定量的分析。该方法首先分析系统中各个指标之间的关系，构建两两比较的判断矩阵，再计算每个指标的相对权重，然后计算各层次对于系统的排序，最后得到各方案对于总目标的总排序。

根据架构的财政公共卫生支出绩效维度评价指标体系框架，本书对各指标的相对重要程度设计了专家打分表，并邀请专家学者对各绩效指标进行打分，将打分结果作为计算各层次指标权重的根据。

（二）指标权重计算

以财政公共卫生支出绩效指标体系中的一级指标为例，构建一级指标的专家打分判断矩阵，其中打分分值为各专家打分的平均值。权重的计算方法为规范列平均法。针对财政公共卫生支出绩效评价这个总评价目标，经济性、效率性、效益性和公平性指标之间的相对重要性及由此计算的一级指标权重如表6-1所示。

表6-1　财政公共卫生支出绩效评价目标一级指标的相对重要性

财政公共卫生支出绩效评价	经济性	效率性	效益性	公平性	权重
经济性	1	0.3968	0.1727	0.9434	0.0963
效率性	2.5200	1	0.4405	2.4900	0.2462
效益性	5.7900	2.2700	1	5.5100	0.5569
公平性	1.0600	0.4016	0.1815	1	0.1007

资料来源：根据模型计算结果整理得来。

本书对一级指标权重进行一致性检验，计算对应的判断矩阵 $\lambda_{max} = 4.0002$，一致性指标 $CI = (\lambda_{max} - n)/(n-1) = 0.000051$，自由度指标 $RI = 0.9$，一致性比率 $CR = CI/RI = 0.00006 < 0.1$，因此一级指标具有满意的一致性。

同理，依次计算二级、三级、四级指标的权重，并对各级指标的单排序和总排序进行一致性检验，最终计算得到财政公共卫生支出绩效评价指标的权重如表6-2所示。

表6-2 财政公共卫生支出绩效评价指标权重

一级指标	二级指标	三级指标	四级指标
经济性 （0.0963）	投入 （0.1227）	公共卫生投入 （0.1227）	人均公共卫生支出（0.0710）
			公共卫生支出占生产总值比重（0.0082）
			公共卫生支出占财政支出比重（0.0267）
			公共卫生支出占卫生总费用比重（0.0168）
效率性 （0.2462）	产出 （0.0842）	卫生服务可及性 （0.0138）	每万人口卫生技术人员数（0.0012）
			每万人口医疗机构床位数（0.0102）
			每万人拥有执业医师数（0.0025）
		卫生服务利用率 （0.0703）	专业公共卫生机构数（0.0038）
			专业公共卫生机构床位使用率（0.0113）
			专业公共卫生机构诊疗人次数（0.0186）
			甲乙类传染病发病率（0.0365）
效益性 （0.5569）	结果 （0.5364）	卫生服务水平 （0.1239）	人口死亡率（0.0664）
			新生儿死亡率（0.0153）
			婴儿死亡率（0.0272）
			5岁以下儿童死亡率（0.0086）
			孕产妇死亡率（0.0064）
		健康水平结果 （0.2798）	人均期望寿命（0.2798）
		患病风险保障 （0.1327）	城镇居民医疗支出占消费支出比重（0.0283）
			农村居民医疗支出占消费支出比重（0.1044）
公平性 （0.1007）	影响 （0.2567）	卫生支出公平性 （0.2567）	卫生支出地区差异泰尔系数（0.1935）
			城乡居民医疗支出比（0.0632）

资料来源：根据模型计算结果整理所得。

由权重计算结果可知，就二级指标而言，专家对财政公共卫生支出更注重其结果和影响，投入和产出所占比重相对较小。三级指标上，影响财政公共卫生支出绩效的主要指标是健康水平结果、卫生支出公平性及患病风险保障；而卫生服务可及性及卫生服务利用率对财政公共卫生支出绩效的影响则相对较小。从四级指标的角度看，人均期望寿命、卫生支出地区差异泰尔系数以及农村居民医疗支出占消费支出比重是反映财政公共卫生支出绩效最重要的三个指标；此外，人均公共卫生支出指标、人口死亡率和城乡居民医疗支出比，这三个指标的权重排名也相对靠前。

三、基于"4E"原则的绩效维度评价体系构建

本书根据上述方法对我国31个省份的财政公共卫生支出绩效评价进行实证分析，对财政公共卫生支出绩效体系的各指标进行单项与总体的评价，客观评价全国范围内财政公共卫生支出取得的成效及可能存在的问题。基于绩效评价指标数据可得性及评价结果连续性的考量，本书对财政公共卫生支出绩效评价的实证研究设定为2000~2018年。

(一) 指标的测算

有学者根据财政公共卫生支出绩效与指标得分之间的关系，将绩效评价指标体系中的指标划分为三大类①：第一类指标是二者呈正比关系的，也就是说该类指标得分越高，意味着中国财政公共卫生支出的绩效越好。先将绩效指标历年数据中排列最高的分值，规定为此类指标的最优值，并设定为100分。各指标的实际值与最优值的比再乘以100就是该指标的最终得分。第二类指标是两者呈反比关系的，即该类指标得分越高，表明中

① 王鸿兴，林枫，等. 基于"4E"原则的政府卫生支出绩效评价研究 [J]. 中国卫生事业管理，2014 (5)：324-327.

国财政公共卫生支出的绩效越差。与第一类指标不同，该类指标是将绩效指标历年数据中排列最低的分值作为最优值，并设定为100分。当最优值不为0时，指标的最终得分基于实际值大于最优值的倍数计算，设定每一倍分值为20，实际值每大于最优值一倍，则从100分中减去相应的分值，当实际值大于最优值5倍时，指标得分为0。如果最优值为0时，用100减去指标的实际值就是该指标的最终得分。第三类指标是指标的最优值恰好存在于某一区间（指标的得分大于最优区间的最大值或小于最优区间的最小值），表明财政公共卫生支出的绩效都不理想。该类指标将处于标准区间的值设为100分，高于标准区间的指标得分计算采用第二类指标的计算方法，低于标准区间的指标得分计算采用第一类指标的计算方法。

（二）指标最优值确定

（1）投入类指标最优值的确定。就理论而言，财政公共卫生支出过多或不足都会影响财政公共卫生支出的绩效，财政公共卫生支出存在最优规模。然而，考虑到我国财政公共卫生投入不足这一基本国情，将公共卫生投入按第一类指标处理。人均公共卫生支出越大，公共卫生支出占生产总值的比重、占财政支出的比重和占卫生总费用的比重就越高，而三个比重越高，则越能体现卫生事业的公益性，财政公共卫生支出的绩效也就越好。

（2）产出类指标最优值的确定。每万人口卫生技术人员数越多，每万人口医疗机构床位数和每万人拥有职业医师数越多，表明卫生服务的可及性就越高，财政公共卫生支出的绩效也越高。专业公共卫生机构数越多，专业公共卫生机构床位使用率越高（最高达100%），专业公共卫生机构诊疗人次数越多，甲乙类传染病发病率越低，表明卫生服务利用率越高，财政公共卫生支出的绩效也越高。

（3）结果类指标最优值的确定。人口死亡率越低，新生儿死亡率越低，婴儿死亡率越低，5 岁以下儿童死亡率越低，孕产妇死亡率越低，表明卫生服务水平越高，财政公共卫生支出越有效。人均期望寿命越高，表明居民健康水平越高，财政公共卫生支出也越有效。城镇和农村居民医疗卫生支出占消费支出比重越高，表明财政公共卫生支出对居民患病风险的保障程度越低，财政公共卫生支出绩效也越差。

（4）影响类指标最优值的确定。卫生支出地区差异泰尔系数越小，说明财政公共卫生支出在地区间的差异就越小，地区间的差异越小代表公平性越高，财政公共卫生支出的绩效也就越高。城乡居民医疗支出比最优值为 1，表明财政公共卫生支出在城乡之间绝对公平，卫生支出公平性越高。考虑到我国城镇公共卫生资源优于农村的事实，将城乡居民医疗支出比按第二类指标处理。

本书根据上述绩效指标最优值的确定方法，得到 2000~2018 年全国 31个省份财政公共卫生支出绩效指标数据及其最优值，如表 6-3 所示。

表 6-3　2000~2018 年全国财政公共卫生支出绩效维度评价指标数据及其最优值

最优值 年份	M11	M12	M13	M14	M21	M22	M23	M31	M32	M33
	4236.98	1.86	7.49	30.66	109	60.28	26	33009	100.00	35.77
2000	361.88	0.71	4.47	15.47	36	23.80	17	16318	64.50	12.40
2001	393.80	0.72	4.24	15.93	36	23.90	17	16197	65.30	12.03
2002	450.75	0.75	4.12	15.69	34	24.90	15	17844	64.60	12.43
2003	509.50	0.81	4.53	16.96	35	24.90	15	17764	65.30	12.13
2004	583.92	0.80	4.54	17.04	35	25.60	16	18393	68.40	13.05
2005	662.30	0.83	4.58	17.93	35	26.20	16	18703	70.30	13.87
2006	748.84	0.81	4.40	18.07	36	27.03	16	19246	72.40	14.71
2007	875.96	0.96	5.19	22.31	37	28.29	16	19852	78.20	16.38
2008	1094.52	1.13	5.74	24.73	39	30.46	17	19712	81.50	17.82
2009	1314.26	1.38	6.31	27.46	42	33.15	17	20291	84.70	19.22

年份 \ 类别 最优值	M11	M12	M13	M14	M21	M22	M23	M31	M32	M33
	4236.98	1.86	7.49	30.66	109	60.28	26	33009	100.00	35.77
2010	1490.06	1.39	6.38	28.69	44	35.80	18	20918	86.70	20.40
2011	1806.95	1.53	6.83	30.66	46	38.40	18	21979	88.50	22.59
2012	2076.67	1.57	6.69	29.99	49	42.40	19	23170	90.10	25.42
2013	2327.37	1.61	6.81	30.14	92	45.50	20	24709	89.00	27.42
2014	2581.66	1.64	6.97	29.96	97	48.50	21	25860	88.00	29.72
2015	2980.80	1.81	7.09	30.45	102	51.10	22	27587	85.40	30.84
2016	3351.74	1.86	7.41	30.01	104	53.68	23	29140	85.30	32.70
2017	3783.83	1.83	7.49	28.91	109	57.22	24	31056	85.00	34.39
2018	4236.98	1.78	7.42	27.74	109	60.28	26	33009	84.20	35.77

年份 \ 类别 最优值	M34	M41	M42	M43	M44	M45	M51	M61	M62	M71	M72
	182.25	6.40	3.90	6.10	8.40	16.60	77.00	6.05	5.24	0.12	1.00
2000	192.59	6.45	22.80	32.20	39.70	53.00	71.73	6.36	5.24	0.21	3.63
2001	191.09	6.43	21.40	30.00	35.90	50.20	72.18	6.47	5.55	0.19	3.55
2002	182.25	6.41	20.70	29.20	34.90	43.20	72.61	7.13	5.67	0.19	4.14
2003	192.18	6.40	18.00	25.50	29.90	51.30	73.03	7.31	5.96	0.19	4.11
2004	244.66	6.42	15.40	21.50	25.00	48.30	73.42	7.35	5.98	0.18	4.05
2005	268.31	6.51	13.20	19.00	22.50	47.70	73.77	7.56	6.58	0.18	3.57
2006	266.83	6.81	12.00	17.20	20.60	41.10	74.07	7.14	6.77	0.17	3.24
2007	272.39	6.93	10.70	15.30	18.10	36.60	74.34	6.99	6.52	0.14	3.33
2008	268.01	7.06	10.20	14.90	18.50	34.20	74.58	6.99	6.72	0.14	3.20
2009	263.52	7.08	9.00	13.80	17.20	31.90	74.80	6.98	7.20	0.12	2.98
2010	238.69	7.11	8.30	13.10	16.40	30.00	75.01	6.47	7.44	0.12	2.67
2011	241.44	7.14	7.80	12.10	15.60	26.10	75.20	6.39	8.37	0.13	2.22
2012	238.76	7.13	6.90	10.30	13.20	24.50	75.39	6.38	8.70	0.14	2.07

最优值 年份 \ 类别	M34	M41	M42	M43	M44	M45	M51	M61	M62	M71	M72
	182.25	6.40	3.90	6.10	8.40	16.60	77.00	6.05	5.24	0.12	1.00
2013	225.80	7.13	6.30	9.50	12.00	23.20	75.59	6.05	8.20	0.14	1.82
2014	226.98	7.12	5.90	8.90	11.70	21.70	75.78	6.54	8.99	0.14	1.73
2015	223.60	7.07	5.40	8.10	10.70	20.10	76.34	6.75	9.17	0.14	1.71
2016	215.68	7.04	4.90	7.50	10.20	19.90	76.50	7.07	9.17	0.15	1.76
2017	222.06	7.06	4.48	6.77	9.05	19.60	76.70	7.27	9.66	0.15	1.68
2018	220.51	7.08	3.90	6.10	8.40	16.60	77.00	7.83	10.23	0.15	1.65

资料来源：国家统计局 2001~2019 年《中国统计年鉴》、2001~2012 年《中国卫生统计年鉴》、2013~2017 年《中国卫生和计划生育统计年鉴》、2018~2019 年《中国卫生健康统计年鉴》。

（三）绩效评价结果

本书根据各层次指标的权重及上述指标的评分标准，对我国财政公共卫生支出的绩效维度评价指标体系进行计算打分。各级指标的最终得分以及综合得分情况如图 6-2 至图 6-11 所示。

从 2000~2018 年全国财政公共卫生支出绩效评价的综合得分（见图 6-2）来看，我国财政公共卫生支出绩效从 2000 年的 75.33 分上升至 2006 年的 80.84 分，此后仍呈稳步上升态势，直至 2018 年的 95.29 分，表明我国财政公共卫生支出的总体绩效逐年上升。这与上一章节用序列型两阶段 DEA 模型对我国财政公共卫生支出的总体绩效进行评价的结果相似。

图 6-3 表明，我国财政公共卫生支出绩效一级指标中，四大指标均呈上升趋势，但经济性指标和效率性指标绩效得分整体低于效益性指标和公平性指标的得分，尤其是经济性指标在四大指标中分数最低。

图 6-4 显示，我国财政公共卫生支出绩效二级指标中，结果指标与影

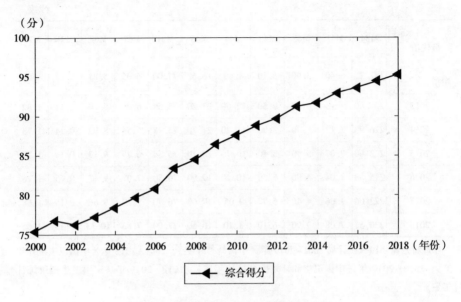

图6-2 财政公共卫生支出绩效综合得分

资料来源：根据表6-3数据绘制。

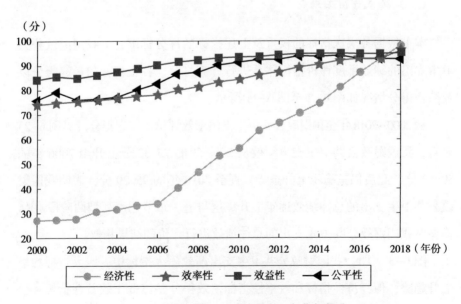

图6-3 财政公共卫生支出绩效一级指标得分

资料来源：根据表6-3数据绘制。

响指标分数较高，但增幅不大；投入指标与产出指标得分低于结果指标与影响指标，但整体呈稳步上升趋势。

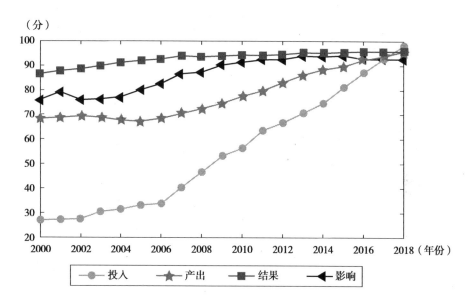

图6-4　财政公共卫生支出绩效二级指标得分

资料来源：根据表6-3数据绘制。

图6-5至图6-11描述的是我国财政公共卫生支出绩效三级指标中各指标的情况：

从公共卫生投入得分来看，不管是人均公共卫生支出，还是公共卫生支出占生产总值比重、占财政支出比重和占卫生总费用比重，均呈上升趋势，尤其是新医改后，增幅加大（见图6-5）。

在卫生服务可及性方面，每万人口卫生技术人员数、机构床位数及执业医师数虽在2002年之后呈现上升趋势，但各个分值，除了每万人口卫生技术人员数在2012年之后增长较快外，其他分值增幅较小（见图6-6）。

在卫生服务利用率方面，除甲乙类传染病发病率呈下降趋势外，其他三个指标均呈上升趋势（见图6-7）。其中，甲乙类传染病发病率下降趋

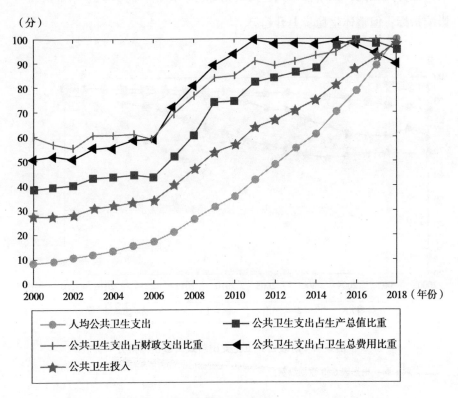

（分）

图6-5 财政公共卫生支出绩效三级指标——公共卫生投入得分

资料来源：根据表6-3数据绘制。

势在2005年后较为平稳，专业公共卫生机构数和专业公共卫生机构诊疗人次数在2012年后上升数值较为接近，专业公共卫生机构床位使用率在2007年之后上升的速度较快，到2015年后有所下降。

在卫生服务水平上，人口死亡率、新生儿死亡率、婴儿死亡率、5岁以下儿童死亡率以及孕产妇死亡率均呈下降趋势，卫生服务水平大幅提升（见图6-8）。

在健康水平结果上，我国的人均期望寿命历年来得分均为95分以上的高分，且呈逐年上升趋势（见图6-9）。

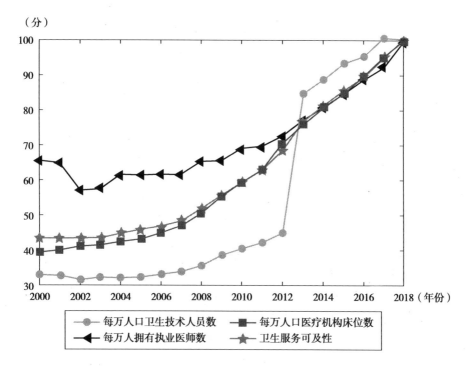

（分）

图6-6　财政公共卫生支出绩效三级指标——卫生服务可及性得分

资料来源：根据表6-3数据绘制。

在患病风险保障方面，指标得分在评价年度内一直保持在90分以上，但2007年达到最大值后开始呈下降趋势，尤其是农村居民医疗支出占消费支出的比重下降趋势更明显（见图6-10）。

在卫生支出公平性方面，该指标得分整体偏低，尤其是城乡居民医疗支出比得分均在60分以下（见图6-11）。卫生支出地区差异泰尔系数得分情况相对较好，在2004年后迅速上升，进而使卫生支出公平性指标得分有所改善。

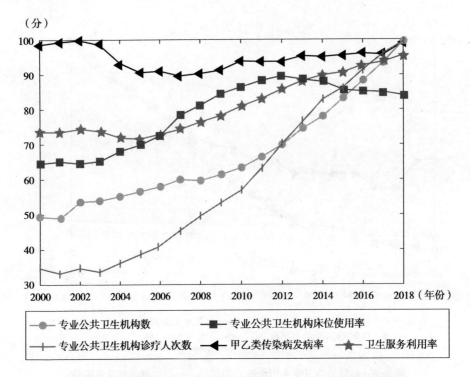

图6-7 财政公共卫生支出绩效三级指标——卫生服务利用率得分

资料来源：根据表6-3数据绘制。

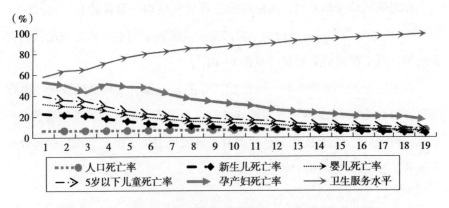

图6-8 财政公共卫生支出绩效三级指标——卫生服务水平得分

资料来源：根据表6-3数据绘制。

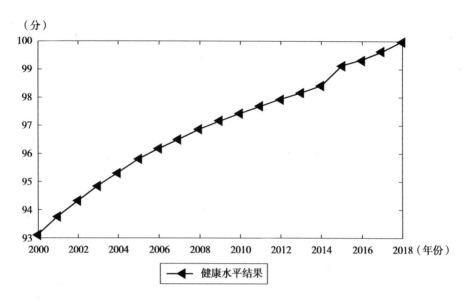

图6-9 财政公共卫生支出绩效三级指标——健康水平结果得分

资料来源：根据表6-3数据绘制。

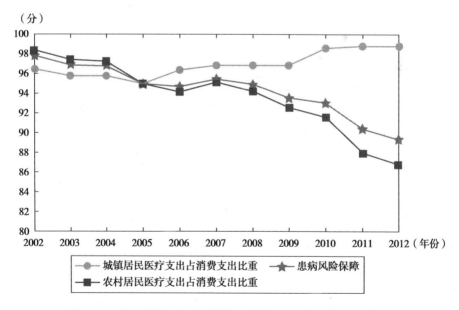

图6-10 财政公共卫生支出绩效三级指标——患病风险保障得分

资料来源：根据表6-3数据绘制。

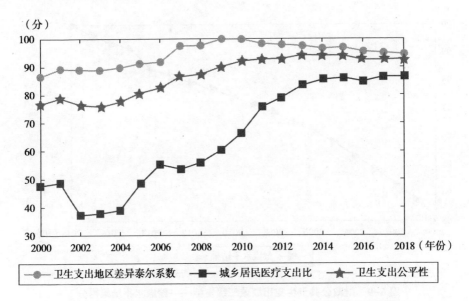

（分）

图 6-11　财政公共卫生支出绩效三级指标——卫生支出公平性得分

资料来源：根据表 6-3 数据绘制。

第三节　主要的研究结论

对财政公共卫生支出进行绩效维度分析，就是以公共卫生支出的目标为评价标准，对公共卫生支出的经济性、效率性、效益性和公平性进行评价，旨在评价公共卫生支出目标的完成程度，构建科学合理的公共卫生支出绩效评价指标体系，对促进公共卫生支出的可持续增长，提高公共卫生支出的效率与效益，保证公共卫生支出的公平性具有重要的意义。通过以上两节的分析，我们可以清楚地看到：财政公共卫生支出的经济性与公平性绩效相对较弱，财政公共卫生支出产出与结果存在不同比例的增幅，财政公共卫生支出各具体指标仍有较大提升空间。

一、财政公共卫生支出的经济性与公平性绩效相对较弱

从经济性指标得分情况来看，2000 年得分为 27.39 分，2018 年上升至 98.21 分，其得分呈逐年上升的趋势，表明近几年政府对卫生事业给予高度重视，我国财政公共卫生支出在数量和规模上都加大了力度。从效率性指标得分来看，自 2007 年以来得分历年都在 80 分以上，并在 2018 年达到 96.10 分，表明我国财政公共卫生支出的效率一直保持在一个比较高的水平。从效益性指标得分来看，2000 年得分 83.89 分，在四个指标中是最高的，此后一直稳步上升，2018 年达到 94.89 分，仅仅超过公平性指标，表明财政公共卫生支出绩效在效益性方面也在逐年上升，但增幅较慢。从公平性指标得分来看，我国历年得分都处于较低水平，在 2005 年之前得分均在 80 分以下，至 2018 年得分 92.74，是四个指标中最低的。这表明我国财政公共卫生支出存在不公平性，我国各地区以及城乡之间存在财政公共卫生支出明显不均衡状况；但公平性得分历年呈现增长趋势，表明这一状况已逐渐在改善。从一级指标整体来看，经济性绩效得分整体低于效率性、效益性和公平性的得分，但其上升趋势较明显，表明近年来我国财政公共卫生支出在经济性上取得了较大的进步。

二、财政公共卫生支出产出与结果存在不同比例的增幅

从投入指标得分情况来看，近几年我国在公共卫生支出的投入上加大了力度，但整体得分仍偏低，表明我国财政公共卫生支出绩效在投入方面仍有很大提升空间。从产出指标得分看，自 2006 年起才开始呈现缓慢上升的趋势，但在 2012 年前得分均低于 80 分，2018 年上升至 96.05 分，表明近年来我国财政公共卫生支出在产出上有所提升。从结果指标得分看，在

2004 年之后就在 90 分以上，2016 年达到最大值，为 95.82 分，表明我国财政公共卫生支出在结果上一直处在较高的水平。影响性指标从 2000 年的 76.64 分上升至 2018 年的 92.74 分，表明近年来财政公共卫生支出公平性具有明显的改进。从二级指标整体来看，不难发现，虽然近年来政府加大了在公共卫生方面的投入，但财政公共卫生支出的产出和结果并不具有同比例的增幅，得分反而保持在一个较为稳定的区间内，而财政公共卫生支出公平性具有更大幅度的提升，由此猜想产生此结果的原因可能是近年来政府在公共卫生方面增加的投入更多是面向公共卫生资源分布相对匮乏的地区。

三、财政公共卫生支出各具体指标仍有较大提升空间

从公共卫生投入指标得分来看，我国财政公共卫生支出绩效得分从 2000 年的 27.39 分上升至 2018 年的 98.21 分，呈逐年上升趋势，表明我国财政公共卫生支出在公共卫生投入上逐年增加。从卫生服务可及性指标看，2000 年得分仅为 43.58 分，2018 年上升至 100 分，具体到四级指标，每万人口卫生技术人员数平均得分 58.79 分，每万人口医疗机构床位数平均得分 36.9 分，每万人拥有执业医师数平均得分 18.58 分，这三个指标平均分都较低，表明我国财政公共卫生支出在卫生服务可及性方面不高，尤其是在医疗机构床位数等医疗服务基础设施的提供水平上偏低。从卫生服务利用率上看，得分在 2000~2009 年保持在 80 分以下，2010 年开始稳步上升，2018 年达到 95.27 分，具体到四级指标，专业公共卫生机构数、专业公共卫生机构床位使用率，以及医院诊次人数均呈现上升趋势，而甲乙类传染病发病率也呈上升趋势，且其得分在 2007 年最高，这表明我国在控制甲乙类传染病发病率方面还需进一步加强，在卫生服务利用率上仍有很大提升空间。从卫生服务水平来看，从 2000 年的 58.18 分上升到 2018 年

的 98.86 分，表明我国的卫生服务水平提高较快，具体到四级指标，新生儿死亡率、婴儿死亡率、5 岁以下儿童死亡率、孕产妇死亡率、人口死亡率均呈下降趋势。从健康水平结果来看，历年来得分均为 93 分以上的高分，且呈逐年上升趋势，这表明我国人均期望寿命较高，健康水平一直处在较高水平。从对居民的患病风险保障来看，指标得分一直在降低，具体到四级指标可以看到，无论是农村居民医疗支出占消费支出的比重还是城镇居民医疗支出占消费支出的比重均呈上升趋势。从卫生支出公平性指标得分看，城乡居民医疗支出比与卫生支出地区差异泰尔系数得分均呈下降趋势，说明各地区间的财政公共卫生支出不均衡状况得到改善。从三级指标整体来看，我国的健康水平结果和对居民的患病风险保障处于较高的水平，而卫生服务和卫生服务可及性则处于相对较低的水平。

第七章
财政公共卫生支出绩效的影响因素

自启动新一轮医药卫生体制改革十几年来，我国医改取得了切实成效。然而在财政公共卫生支出不断增长的情况下，各省之间存在很大差距。目前在学术界讨论最为激烈的是，各级政府在当前财政分权体制下公共卫生投入的财政能力与支付意愿，而关于财政公共卫生支出绩效的影响因素的实证分析则较为缺乏。本章将从实证角度继续研究是什么因素影响了公共卫生支出的绩效。首先，根据以往研究，选取最重要的三大因素：人口因素（各省人口总量、各省人口老龄化程度），经济因素（经济发展水平、财政分权）和公共卫生资源因素（医疗人员数量、公共卫生机构床位数）；其次，通过面板数据回归模型就六方面因素对财政公共卫生高、中、低支出三类区域的影响大小进行分析并得出结论；最后，分析影响财政公共卫生支出绩效的其他因素（财政公共卫生支出的规模、结构和公共卫生预算体制）。

第一节　财政公共卫生支出绩效
主要因素的影响机理

从国内外已有文献来看，目前大多数的学者认为影响公共卫生支出绩效的主要因素是经济因素、人口因素，或是多方面的因素共同影响财政公共卫生支出，可谓仁者见仁，各自所选取的影响变量均不同。本书将以往研究进行总结归纳，认为有三大主要因素影响我国财政公共卫生支出的绩效，分别是经济因素、人口因素和公共卫生资源因素。

一、人口特征与公共卫生支出

我国是世界上人口最多的发展中国家，第七次全国人口普查数据显示，全国人口共 1411778724 人。与第六次全国人口普查数据相比，十年间增加了 7206 万人[①]。人口数量的快速增长不仅对国家的经济增长造成一定的影响，同时对财政公共卫生支出也产生了影响，人口数量多必定要求政府增加公共卫生服务，从而增加财政公共卫生支出，而在高速增长的人口数量表象下还潜伏着人口快速老龄化问题。

判断一个国家（或地区）是否步入老龄化社会，国际上通常采用两个依据：60 岁以上的人口比重达到 10% 或 65 岁以上人口占总人口的比重达到 7%。从我国历年的人口普查数据来看，65 岁以上人口比重从 1990 年的 5.6% 上升到 2020 年的 13.5%，2000 年就已达到 7%，开始进入老龄化社会（见图 7-1）；2005 年 65 岁以上人口数达到 10055 万人[②]，是世界上唯一一个老年人口超过一亿的国家[③]。值得一提的是，我国的老龄化进程非常迅速，Tsuya（2011）指出："以 65 岁以上人口占比从 7% 增长到 14% 为例，法国经历了 115 年的时间，瑞典经历了 85 年的时间，英国经历了 46 年的时间，而中国将只需不到 20 年的时间。"[④] 可见，21 世纪 30 年代我国在进入老龄化的高峰期后，社会又将进入深度老龄化阶段，这个阶段将会

---

① 参见国家统计局《2020 年第七次全国人口普查公报》。

② 资料来源于国家统计局《2014 年中国统计年鉴》。

③ 参见中国国务院办公厅《社会养老服务体系建设规划（2011-2015 年）》。

④ Tsuya N. Economic Growth and Social Protection in Asia: What Lessons Learned can Be Exchanged between Asia and the Rest of the World? [C]. Salzburg Global Seminar, 2011.

持续近 40 年的时间。

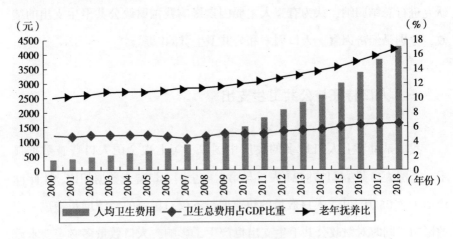

图 7-1　人口老龄化程度

资料来源：国家统计局《2020 年第七次全国人口普查公报》。

老龄人口基数变大，老龄化速度变快，高龄化程度变深……这些对我国医疗卫生需求、医疗卫生资源配置和财政公共卫生支出产生严峻的挑战。从 1993 年、1998 年、2003 年、2008 年、2013 年五次全国卫生调查来看，65 岁及以上人口两周患病率从 1993 年的 25%，上升到 2013 年的 56.9%，两周患病的老年人口中，87.3% 的患者到医疗机构就诊；慢性病患病率从 1993 年的 50.6%，上升到 2013 年的 71.8%。[①] 可见，我国老龄化人口总体的健康状况较差，老龄化人口的医疗卫生需求较大，医疗卫生支出较多，这也就意味着老龄化程度越高医疗卫生支出也就相应越多。但与此同时，老龄人口由于受收入水平、医疗保障制度和医疗资源供给等方面因素的限制，导致他们的医疗卫生服务需求得不到有效的满足，这就需要国家公共财政进行干预，以满足越来越多老龄人口的医疗卫生服务需求。

---

① 资料来源于国家卫生计生委统计信息中心《2013 第五次国家卫生服务调查分析报告》。

此外，其他一些人口因素也影响着我国财政公共卫生支出的规模，如低生育率会对政府提供的公共服务提出挑战，男女比例失衡会导致卫生支出额度的增加，出生率与死亡率也通过影响人口规模来影响财政公共卫生支出。但这些因素与人口基数大、快速老龄化问题相较而言，对财政公共卫生支出的影响相对小些，故本章的人口因素，主要选取各省人口总量和各省人口老龄化程度为指标。

二、经济增长与公共卫生支出

在众多影响公共卫生支出的因素当中，经济因素被普遍认为是最为重要的影响因素。在公共卫生支出领域，我国实行的是"分级管理，地方负责"的管理体制，即主要由地方政府负责管辖区内的公共卫生支出，上一级政府给予一定的财政支持，中央政府仅仅进行辅助。理论上，地方政府财政预算支出规模越大，可用于公共卫生服务领域的资源也越多。可事实是，公共卫生支出规模的大小还取决于地方政府在公共卫生服务领域与其他领域之间的权衡。若地方政府将公共卫生事业视为优先发展领域，在公共财政支出规划时就会增加公共卫生的比重，大力提高公共卫生的服务水平；若地方政府将公共卫生事业视为次优或次发展领域，则会相应减少财政在公共卫生方面的支出，地方公共卫生事业的发展则会相对放缓。这也就意味着，政府财政支出规模对公共卫生支出规模的影响是无法预先确定的。再加上公共卫生的改善在政府绩效评价上见效较慢，结果不显著，而且地方财政倾向于向本级财政直属的重点医院进行预算拨款，而处于基层的各卫生防疫站等能得到的拨款就比较少，再到农村的公共卫生拨款在数额上就更加少了。这种情况在财政收入困难的中、西部地区更为明显。这就造成城市之间、城乡之间人均公共卫生支出存在较大差异。根据《2019中国卫生健康统计年鉴》，2000 年城乡人均医疗保健支出相差 230.5 元，到2018年则扩大到805.6元，而18年间医疗保健支出占消费性支出的比重，城市从6.4%提高到7.8%，而农村从5.2%提高到10.2%。所以，地方政府的财政规模及其对公共卫生事业的重视程度都将极大地影响公共卫生支出。

此外，个人收入对公共卫生支出也有影响。当国民收入提高时，他们将更关注个人生活水平、环境卫生及个人健康问题。一方面，生活质量和环境的改善，提高了国民的身体素质，从而降低了他们对卫生服务的需求，进而减低财政在公共卫生方面的支出；另一方面，由于更关注身体健康和环境卫生，国民对公共卫生的要求则越高，需求提高也就需要政府相应地增加公共卫生服务领域的支出。总体来说，个人收入对国家财政公共卫生支出的影响，依赖于上述两方面因素的净效果。由于本书关注的是国家财政对公共卫生支出的影响，所以，本章的经济因素，主要选取各省、自治区、直辖市的经济发展水平和财政分权情况，个人收入不予以研究。

三、卫生资源与公共卫生支出

卫生资源，从广义上来讲，它是人类开展一切卫生保健活动所使用的社会资源，通常包括与卫生有关的地理、地质、物产、环境和社会支撑系统的物质、材料以及信息和时间等；从狭义上来讲，它是指社会提供各种卫生服务时，占用或消耗的各种生产要素的总称。衡量一个国家（或地区）在一定时期内的卫生资源水平可通过该国家（或地区）的卫生机构数、医院床位数、卫生技术人员数、医疗仪器设备数、人均卫生费用以及卫生总费用占国内生产总值的比重等指标来体现。卫生资源的基本形式包括卫生人力资源、卫生物力资源、卫生财力资源、卫生技术资源和卫生信息资源。卫生资源的配置情况反映了卫生服务总需求的变化，同时也影响着卫生支出的规模。反过来公共卫生支出的效率也反映了卫生资源的配置优劣。Fuchs（1999）指出，卫生支出与生产要素的价格（如医生的净收入）和消费的服务量（如门诊量、住院率等）的乘积成正比。传染病发病率作为公共卫生投入的重要指标，与卫生支出增长有关。Fuchs还提出，门诊率、住院率、住院分娩率等指标能反映不同类型的卫生服务利用情况，不同类型的医疗服务所使用的卫生资源的数量是不同的，故对卫生支出规模的影响也是不相同的。[①] 本章在综合以往研究的基础上，在公共卫生资源方面主要选取医疗人员数量和公共卫生机构床位数为论证指标。

第二节　财政公共卫生支出绩效主要影响因素实证检验

一、影响变量的选取

本节在第一节理论分析的基础上，将三大主要影响因素进行细分：

（1）人口因素，包括各省人口总量和各省人口老龄化程度。公共卫生支出情况作为被解释变量，采用公共卫生支出来衡量，为了消除各地区人口数量对数据的影响，选取"人均公共卫生支出"来测量，为了消除数量级的影响，所有数据均取对数；人口老龄化程度采用各地区65岁以上的人口数量与总人口数量之比来表示。

（2）经济因素，包括经济发展水平和财政分权。其中经济发展水平用

---

① Fuchs V. Health Care for the Elderly: How Much? Who Will Pay for It? [J]. Health Affairs, 1999, 18（1）: 11-21.

各省、自治区、直辖市的人均 GDP 来反映，并以其自然对数来替代经济发展状况。财政分权指标采用非税的自治程度，即各省、自治区、直辖市的非税财政收入与实际财政收入之比：

财政分权指标＝各省（自治区、直辖市）的非税财政收入/各省（自治区、直辖市）实际财政收入

需要解释的是，根据统计年鉴计算得出的非税财政收入包括国有资产的经营所得、国有企业的计划补贴（亏损）、各种行政收费、矿区和海域场地使用费、各种罚没收入、专项收入及其他收入等。

（3）公共卫生资源因素，包括医疗人员数量和公共卫生机构床位数。为了消除各地区人口数量的影响，医疗人员和公共卫生机构床位数分别取"人均医疗人员数"和"人均公共卫生机构床位数"。

二、固定效应回归模型的构建

为了对其进行实证分析，本书选取 2000~2018 年中国 31 个省份的相关面板数据作为样本数据，以指标聚类结果为基础，通过建立回归模型，得到以上因素分别对中国财政公共卫生支出的影响程度。[①]

（一）模型与数据

本书所需数据包括我国 31 个省（自治区、直辖市）2000~2018 年的公共卫生支出情况、人口总量、人口结构、经济发展水平、财政分权、医疗人员数量和公共卫生机构床位数 7 列数据，共收集有效数据 403 条，无缺失值。为了分析不同因素对各地区实际人均公共卫生支出的影响，本书构建如式（7-1）所示的计量模型：

---

① 孙群力. 地方财政卫生支出的影响因素研究 [J]. 中南财经政法大学学报，2011 (5)：80-84.

$$Ln(Y_i,t)=C+\beta_0 Ln(Y_i,t-1)+\beta_1 Ln(X1_i,t)+\beta_2 Ln(X2_i,t)+\beta_3 Ln(X3_i,t)+$$
$$\beta_4 Ln(X4_i,t)+\beta_5 Ln(X5_i,t)+\beta_6 Ln(X6_i,t)+E_i,t \qquad (7-1)$$

在式（7-1）中，i 表示第 i 个省份，t 表示年份，Y 表示人均公共卫生支出，本书用它的对数形式作为被解释变量。X1 表示人口总量，X2 表示人口老龄化程度，X3 表示人均 GDP，X4 表示财政分权，X5 表示人均医疗人员数，X6 表示人均公共卫生机构床位数，E 为随机误差项。

（二）面板单位根检验

为避免时间序列的不平稳造成的"伪回归"问题，本节首先对数据进行了面板单位根检验，由于面板数据单位根检验方法的多样性和各自的独特性，不同检验方法得到的检验结果会存在不一致性。为增强检验结果的稳健性以提高结论的可信度，本书用四种方法分别进行检验，结果显示，每一列数据的绝大多数检验结果 P 值均小于 0.05，因此可以认定所有数据均为平稳序列，可对数据直接进行面板回归。

（三）面板回归模型

1. 确定影响形式：固定效应与随机效应

进行单位根检验之后，就是对面板数据模型的确定。固定效应模型与随机效应模型是方差分析的主要模型。两者之间的区别主要在于效应是否与解释变量有关，而不在于效应是否固定。一般采用 Hausman 检验来判断选择固定效应模型还是随机效应模型，即先估计一个原假设（原假设的系数是随机效应模型的还是固定效应模型的没有差别），然后做检验，若拒绝原假设，则可以采用固定效应模型，反之若接受原假设，则应采用随机效应模型。本节就是通过 Hausman 检验来完成此部分研究的。本书的 Hausman 检验结果如图 7-2 所示。由该检验结果可知，Hausman 检验 P 值小于 0.05，故不拒绝原假设，也就说明本节应该采用固定效应模型。

Test Summary	Chi-Sq. Statistic Chi-Sq. d. f.	Prob.
Cross-section random	56. 468593	60. 0000

图7-2　Hausman 检验结果

资料来源：根据模型计算结果整理得来。

2. 回归结果

全国及高、中、低支出区域的样本回归结果显示，R - squared 和 Adjusted R-squared 均达到了 0.98 以上，说明该模型的整体模拟效果非常好。各变量的描述性统计结果如表7-1 所示。采用固定效应模型进行回归得到的结果分别如表7-2、表7-3、表7-4、表7-5 所示。

表7-1　变量的描述性统计结果

变量	观测值	均值	标准差	最小值	最大值
Y	403	10. 14	1. 43	5. 57	14. 03
X1	403	9. 82	1. 43	5. 12	13. 72
X2	403	2. 98	1. 4	-1. 27	6. 61
X3	403	1. 96	1. 29	-2. 04	3. 76
X4	403	6. 44	1. 23	2. 94	9. 36
X5	403	3. 63	1. 22	0. 22	6. 28
X6	403	2. 85	1. 62	-1. 24	6. 97

资料来源：根据模型计算结果整理得来。

表7-2　中国财政公共卫生支出绩效影响因素估计

解释变量	弹性系数	t统计量	P 值
C	-20. 37	-12. 573	0. 00
X1	0. 64	4. 808	0. 00

解释变量	弹性系数	t 统计量	P 值
X2	0.60	6.480	0.00
X3	0.75	17.991	0.00
X4	0.14	8.236	0.00
X5	1.42	11.700	0.00
X6	0.12	1.606	0.11

资料来源：根据模型计算结果整理得来。

从全国水平来看（见图 7-2），自变量的 P 值除了 X6 大于 0.05，结果不显著之外，其他变量的回归结果均为显著，可以认为 X1、X2、X3、X4 和 X5 对 Y 均产生了显著影响。也就是说，X6（即人均公共卫生机构床位数）对中国财政公共卫生支出没有太大影响，人口总量、人口老龄化程度、人均 GDP、财政分权、人均医疗人员数对人均公共卫生支出影响显著。进一步比较各自变量的回归系数，$\beta_5 > \beta_3 > \beta_1 > \beta_2 > \beta_4$，可以看出，人均医疗人员数、经济发展水平、人口总量和人口老龄化程度对全国公共卫生支出具有非常显著的影响，财政分权对其影响相对较小。

表 7-3 高支出区域财政公共卫生支出绩效影响因素估计

解释变量	弹性系数	t 统计量	P 值
C	−17.19	−3.550	0.00
X1	1.13	2.998	0.00
X2	0.13	0.742	0.46
X3	0.84	6.748	0.00
X4	0.09	2.078	0.04
X5	0.43	1.914	0.06
X6	1.04	2.133	0.04

资料来源：根据模型计算结果整理所得。

就高支出区域来看（见表7-3），自变量的P值除了X5大于0.05，结果不显著之外，其他变量的回归结果均为显著，可以认为X1、X2、X3、X4和X6对Y均产生了显著影响。也就是说，X5（即人均医疗人员数）对高支出区域财政公共卫生支出没有太大影响，人口总量、人口老龄化程度、人均GDP、财政分权和人均公共卫生机构床位数对人均公共卫生支出影响显著。进一步比较各自变量的回归系数，$\beta_1>\beta_6>\beta_3>\beta_2>\beta_4$，可以看出，人口总量、人均公共卫生机构床位数、经济发展水平和人口老龄化程度对高支出区域公共卫生支出具有非常显著的影响，财政分权对其影响相对较小。

表7-4 中支出区域财政公共卫生支出绩效影响因素估计

解释变量	弹性系数	t 统计量	P 值
C	−17.80	−7.208	0.00
X1	0.70	3.569	0.00
X2	0.49	4.151	0.00
X3	0.52	9.220	0.00
X4	0.19	7.491	0.00
X5	0.50	1.814	0.07
X6	1.23	4.445	0.00

资料来源：根据模型计算结果整理得来。

就中支出区域来看（见表7-4），自变量的P值除了X5大于0.05，结果不显著之外，其他变量的回归结果均为显著，可以认为X1、X2、X3、X4和X6对Y均产生了显著影响。也就是说，X5（即人均医疗人员数）对中支出区域财政公共卫生支出没有太大影响，人口总量、人口老龄化程度、人均GDP、财政分权和人均公共卫生机构床位数对人均公共卫生支出影响显著。进一步比较各自变量的回归系数，$\beta_6>\beta_1>\beta_3>\beta_2>\beta_4$，可以看出，人均公共卫生机构床位数、人口总量、经济发展水平和人口老龄化程度对中支出区域公共卫生支出具有非常显著的影响，财政分权对其影响相对较小。

表7-5　低支出区域财政公共卫生支出绩效影响因素估计

解释变量	弹性系数	t 统计量	P 值
C	−20.14	−9.617	0.00
X1	0.44	1.710	0.08
X2	0.87	4.036	0.00
X3	1.06	17.183	0.00
X4	0.06	2.688	0.00
X5	1.36	9.268	0.00
X6	−0.07	−1.050	0.29

资料来源：根据模型计算结果整理得来。

就低支出区域来看（见表7-5），自变量的 P 值除了 X1 和 X6 大于 0.05，结果不显著之外，其他变量的回归结果均为显著，可以认为 X2、X3、X4、X5 对 Y 均产生了显著影响。也就是说，X1（即人口总量）对低支出区域财政公共卫生支出没有太大影响，人口老龄化程度、人均 GDP、财政分权、人均医疗人员数对人均公共卫生支出影响显著。进一步比较各自变量的回归系数，$\beta_5 > \beta_3 > \beta_2 > \beta_4$，可以看出，人均医疗人员数、经济发展水平、人口老龄化程度和财政分权对低支出区域公共卫生支出具有非常显著的影响，人均公共卫生机构床位数对其无影响。

三、模型的结果与结论

(一) 全国层面的影响因素

通过前面的分析，可以得出财政分权只是对公共卫生支出产生很小的正面影响。人均医疗人员数、经济发展水平、人口总量和人口老龄化程度与财政公共卫生支出之间存在着显著的正相关关系。公共卫生机构床位数对中国财政公共卫生支出没有太大影响。

(1) 人口总量（X1）的回归系数为正且通过了显著性检验，人口总量弹性系数 β_1 为 0.64，回归结果说明，当人口总量增长 1 个百分点时，人均公共卫生支出随之增长 0.64 个百分点。也就是说，政府会由于人口数量的增加而相应地增加财政公共卫生支出。人口数量增加过多会给政府造成公共卫生支出上的财政压力。我国 1973 年开始实施计划生育政策，40 多年来，在强有力的行政手段和相应经济手段的配合下，人口政策在我们的人口结构的变化过程中发挥着非常重要的作用。据估计，在计划生育政策的影响下，我国至少少生了 4 亿人左右。[1] 这在一定程度上缓解了个别省份的财政公共卫生支出的压力。

(2) 人口老龄化程度（X2），人口结构的弹性系数 β_1 为 0.60，回归结果表明，人口老龄化程度增加 1 个百分点，公共卫生支出随之增长 0.60 个百分点。根据《中国老龄事业发展"十二五"规划》（国发〔2011〕28 号），每天有将近 25000 人进入 60 岁以上老年人行列；经济合作与发展组织（OECD）的人口发展预测也指出，到 2030 年，中国将成为全球人口老龄化程度最高的国家。我国老龄人口基数较大，老龄化速度加快，高龄化程度变深，这必将对我国公共卫生支出造成较大的财政负担。

(3) 人均 GDP（X3），其弹性系数 β_3 为 0.75，表明经济增长 1 个单位，公共卫生的支出相应增长 0.75 个单位。19 世纪 80 年代，德国著名经济学家瓦格纳指出，国家职能的扩大及经济的发展必定要求不断增加行使这些国家职能的财政支出。也就是说，伴随着人均收入的提高，也会相应提高政府财政支出的相对规模。该回归结果进一步证实了瓦格纳法则的合理性。所以，在其他因素皆等同的条件下，经济较发达省份的公共卫生支

---

[1]　参见中国经济时报《我国人口老龄化现状及成因分析》。

出占财政支出的比重必定比其他省份的相对高些。

（4）财政分权（X4），其弹性系数 β_4 为正，但对公共卫生支出影响不显著，仅有 0.14，是 6 个主要影响因素中影响最低的。这表明，财政分权对于地方政府增加公共卫生方面的支出并没有产生多大有效的影响。这可能与我国目前地方政府的考核机制有关。虽然我国实行财政分权，但是地方政府更多的是根据政绩来任命官员，再加上受市场利益导向的影响，政府在编制预算的时候，往往把财政预算支出的重点放在能够明显拉动经济增长的领域，对于卫生防疫这种很难看到显著效果的事业支出较少。不过，需要指出的是，本节财政分权所选取的指标是非税收自治程度。因此，各个省份的非税收入只能有限地支配到公共卫生领域，这也有可能是造成财政分权对公共卫生支出影响的能力比较有限的原因。

（5）人均医疗人员数（X5），其弹性系数 β_5 为 1.42，是所有系数中最高的。这表明，医疗人员的膨胀程度是影响公共卫生支出增加的一个重要因素。1949 年，我国的医疗卫生人员数为 54.1 万人，2000 年为 691 万人，到了 2018 年为 1230 万人，比 2000 年增加了 539 万人，比 1949 年增长了 21.7 倍。[1] 医疗人员的增加能够大大改善我国的整体公共卫生服务水平，然而也会相应地增加财政在发放医务人员工资方面的支出，这将进一步占据财政公共卫生支出的数额，进而减少了公共卫生其他方面的资金使用。

（6）人均公共卫生机构床位数（X6），其弹性系数 β_6 为 0.12，影响系数较小，对公共卫生支出影响不显著。

（二）区域层面的影响因素

表 7-3、表 7-4 和表 7-5 反映了我国高、中、低支出区域财政公共卫生支出影响因素的结果，可以看出，对于高、中支出区域，人均医疗人员

---

① 资料来源于《2019 中国卫生健康统计年鉴》。

数对其没有太大影响，而人口总量则对于低支出区域没有太大影响，财政分权对高、中支出区域影响相对较小。对于高支出区域，影响最大的是人口总量；对于中支出区域，影响最大的是人均公共卫生机构床位数；对于低支出区域，影响最大的是人均医疗人员数。但对于高、中、低支出区域，经济因素均是重要的影响因素，所以，各类区域应充分利用各自的发展优势发展经济。自党的十八届三中全会开启全面深化改革以来，我国区域经济发展呈现出一些引人注目的新动向。全面了解和把握区域经济发展新的动态、走势和格局，对于推进实施我国区域经济发展总体战略、实现区域经济协调发展十分重要。

第三节 财政公共卫生支出绩效
其他影响因素分析

通过本章第一、第二节的分析，可以看出，经济因素、人口因素和公共卫生资源因素对我国高、中、低支出区域财政公共卫生支出的绩效都有不同程度的影响。除此之外，笔者认为，还有其他一些因素对我国财政公共卫生支出的绩效也存在着一定程度的影响，如财政公共卫生支出的规模、结构和公共卫生的预算体制。

一、财政公共卫生支出规模的因素

公共卫生支出总量不足导致公共卫生支出的绩效改善不明显。公共卫生支出要实现高效率，就必须有一个合适的支出规模。从第三章我国财政公共卫生支出的规模来看，我国卫生总费用与公共卫生支出迅速增长，但增长的幅度十分有限。这说明我国对公共卫生事业投入仍然不足，居民在卫生方面的负担依然较重。投入总量不足必然无法较好地满足国民的卫生服务需求，其结果必定是低效的。地方政府的财政实力及其在公共卫生与其他支出之间的权衡在一定程度上决定了财政公共卫生支出规模的大小。随着新医改的推进，政府对公共卫生开始重视，财政大幅增加公共卫生方面的支出，我国公共卫生服务得到明显改善。但由于财力所限，公共卫生支出增长的规模和速度还是有限的，因此，公共卫生支出整体绩效改善不明显。

二、财政公共卫生支出结构的因素

政府对公共卫生资源的配置，是根据国家公共卫生政策目标，在一定的条件下，对不同公共卫生产品按照一定的比例进行资源分配。公共卫生支出绩效是以卫生资源总量的效率为前提的，因此，公共卫生支出绩效如何与公共卫生资源配置结构紧密相关。正如第三章所分析的，我国财政公共卫生支出结构存在不合理的因素，主要表现在使用结构上，公共卫生经费占公共卫生支出比重呈下降趋势，而公费医疗经费则呈上升趋势；在城乡分配结构上，不管是财政投入还是医疗资源，大部分向城市集中；在政府分级负担结构上，中央与地方政府用于公共卫生的支出存在巨大的差距，大部分的财政公共卫生支出是由地方政府承担的。公共卫生支出结构的不合理必将导致卫生资源整体配置效率的低下。

三、公共卫生预算管理体制的因素

预算管理体制的缺陷降低了公共卫生支出的绩效。我国的预算编制体制缺乏严格的法律约束和时间限制，预算报告的编制和审议常常缺乏大量的时间和技术的支持，因而预算报告里一般只考虑预算内的收支情况，部门预算外资金及政府性基金往往不予以考虑，这就导致卫生部门在资金分配时缺乏通盘考虑，很多时候在执行中才确定支出项目，或调整追加预算，随意性较大。再加上本级政府的财力与中央或上级政府转移的财力混合在一起，很难在实际工作中将政府间的责任分担比例区分开来，同时也无法将公共卫生的经常性支出在各级政府分担责任中明确。此外，各卫生机构为了得到更多的财政拨款，片面地增加人员和病床等，这就容易造成有限的卫生资源得不到充分使用，大大降低了公共卫生支出的提供效率。

第八章

财政公共卫生支出的国际经验与借鉴

对财政公共卫生进行国际比较研究可以为我国财政公共卫生支出政策提供借鉴。各国政府所提供的公共卫生服务各不相同，但大都强调政府在公共卫生领域所承担的责任。当前，我国财政公共卫生服务体系存在一系列问题。为了完善我国财政公共卫生服务体系，我们应在财政公共卫生服务体系建设思路上以"邻"为鉴，进行合理的制度设计。

第一节　发达国家的公共卫生支出

由于历史传统、基本国情以及经济体制等方面因素的不同，世界各国的公共卫生服务体系在政策制定、实施标准等方面也有所不同。发达国家尤其注重公共卫生服务体系的建设，其公共卫生服务体系相对较为成熟。本节主要选取美国和英国为代表，美国的公共卫生服务体系是"效率主导型"，提倡把政府的财政补贴和市场的运行机制有机结合；而英国则是"公平主导型"的公共卫生服务体系，政府作为主要的责任主体，强调公平的重要性，实行对全民的普遍保障。

一、"效率主导型"的美国公共卫生支出

美国经济体系虽呈现出资本主义和混合经济共存的特征，但在美国，企业和私营机构在微观经济决策中扮演重要角色，政府对于国内经济的作用则相对次要。然而，如同许多西方发达国家的做法，在公共卫生领域，美国政府却起着主导性的作用。这种主导性作用体现在，美国政府对于本国财政公共卫生建立起严密的管理体系，形成了严格的财政支出体制，创建了广泛的筹资模式。美国政府在公共卫生支出方面的相关政策有效保障了美国公共卫生各项工作的运行。[①]

（一）建立高效严密的管理体系

美国的公共卫生体系，依托联邦、州和地方，以公共机构和非营利机构为主，构成三级架构。在此架构中，政府之间层层负责，职责清晰。联邦政府对公共卫生项目进行宏观调控，承担公共卫生方面的管理法案和相关政策的出台与修订。在财政公共卫生支出方面，行政管理与预算局（OMB）负责制定相关预算，国会负责审查预算草案，最终交由财政部拨款。在具体操作上，联邦不同部门间通过协调完成相关行政职能，主要负责公共卫生项目的申报、审核、控制和协调等管理工作，不负责具体项目的实施；公共卫生政策优化与项目管理则由州政府承担。此外，州政府的主要任务是对本州公共卫生相关政策和法规的制定，定期评估所推行服务方案的可行性和成效，并对社区公共卫生状况进行长期监控，对涉及健康问题的社会危害事件进行调查，将调查情况及时告知公众；地方政府则侧重对服务方案具体项目的实施，提供具体的基本公共卫生服务项目。值得一提的是，美国的公共机构和非营利机构分布很广，它们一般都已建立起

---

① 王俊，刘一点．美国公共卫生体系建设的启示［N］．中国社会科学报，2013-06-28．

比较完善的传染病通报系统，能及时把潜在或正在威胁公民健康的病例进行监控，并将最新最准确疫情向社会公布。有的机构还专门制定当地的卫生保健政策并采取措施来确保公民卫生意识的提高。正是美国政府机构和非政府性组织间分工合作，并各司其职，构成了美国公共卫生管理体系。

（二）形成严格的财政机制

美国公共卫生项目有一套严格的程序来保证财政支出机制的执行。项目从产生、拨款以及最终的考评，都要历经严格的管理流程，在该流程中，美国国会、财政部、健康与公共事业部、行政管理与预算局、各州和地方政府等相关部门，由上到下协同参与并承担相应责任。对每一个公共卫生项目及具体目标，都可以通过可量化的绩效指标对其运行进行绩效评价或质量评估，通过这些评估机制从而对每个项目作出较为客观公正的评价。此外，相关部门还会对一些已开展的项目定期进行绩效评价的程序。

（三）创建混合筹资模式

美国的疾病预防和保健工作可细分为大众公共卫生服务和私人预防保健服务两方面。美国各级政府的卫生部门主要承担大众公共卫生服务的职责，医院担负预防接种任务的开展，而社区卫生组织则负责健康教育和促进工作的实施。此外，很多私人性质的健康促进机构也会参与到那些具有较强的产业性、针对个人预防保健服务的项目中。因此，美国的公共卫生和预防保健由政府、社区卫生服务组织、私人机构共同保障，呈现一种"众星拱月"的状态。也正因为这样，美国公共卫生资金既有来源于政府的公共卫生预算，又有来自私人组织的资金，还有二者共同筹资。① 公共部门或私人部门通过竞争性的流程提供服务生产。美国的卫生服务供给实

---

① 张奎力. 公共卫生服务的国际经验及其启示［J］. 学习论坛，2009（12）：58-62.

行的是市场主导模式，其医疗费用的开支水平在世界上是最高的，但居民享受的公共卫生服务水平以及均等化程度则不高。2009年，美国的医疗费用占 GDP 的 17.6%，而英国仅为 9.8%。①

（四）较为完备的绩效评价框架

对于一个拥有多元化的、私立医疗机构为主导的复杂医疗体系的国家，美国对公共卫生绩效的评估及分析，一直走在世界的前列。这样的成就主要归功于其通过市场运营的方式，提倡医疗服务的购买者使用公共卫生绩效信息对公共卫生服务进行选择，医疗服务购买者及民众获得的公共卫生绩效信息越多，越有利于推动医疗服务提供者进行质量的竞争，进而驱动公共卫生绩效的提高。历经了一百多年的实践与探索的美国公共卫生绩效评价，目前已较为完备，对于我国公共卫生绩效评价的开展具有借鉴意义。主要体现在以下两个方面：

第一，美国著名的公共卫生绩效评价框架主要包括 Donabedian 的三维评价框架②和 Handler 的五维评价框架③。两个评价框架均包含了过程与结果，Donabedian 的三维评价框架另外增加了结构因素，而 Handler 的则增加了使命、组织能力和宏观环境三个维度，两框架的各个维度间并不是彼此孤立的，各个维度相互作用，但五维评价框架中其他四个维度主要受宏观环境的影响。三维评价框架主要用于评价地方及社区的公共卫生活动，而五维评价框架不仅可以评估单个公共卫生组织，还可以用于对国家、州、地区、社区等不同层面公共卫生体系绩效的评估。这为制定公共卫生政策的相关部门提供了科学依据。

---

① 资料来源于《2013 年中国卫生和计划生育统计年鉴》。

② Derose S. F., Schuster M. A., Fielding J. E., et al. Public Health Quality Measurement：Concepts and Challenges [J]. Annual Review of Public Health, 2002 (23)：1-21.

③ Handler A. S. A Conceptual Framework to Measure Performance of The Public Health System [J]. American Journal of Public Health, 2001, 91 (8)：1235-1239.

第二，美国公共卫生绩效评价的特点主要包括以下三个方面：

（1）联邦政府起重要的指导作用。关于公共卫生绩效评价工作，美国联邦政府提出由其负责。对于各州与地方的行政事务，分权制国家的联邦政府一般是很少干涉的。可见，美国联邦政府对该工作的重视程度很高。为了地方卫生行政部门开展工作时有供参考的国家标准，美国疫病控制与预防中心（CDC）等致力于开发国家层面的公共卫生绩效评价体系和工具，这将极大提高全国公共卫生体系的绩效。

（2）社区介入评价过程。在美国，公共卫生绩效评价十分重视社区的参与。评价的主体除了公共卫生行政部门外，一些利益相关群体如社区、专业协会、学术机构代表等也积极参与评价。故评价的内容不仅包括卫生行政部门实施工作的情况，还包括了社区健康状况的改善情况。公共卫生绩效评价有了社区的参与，可以使参与的对象更多地获取公共卫生知识，并乐于协同政府部门改善公共卫生体系的绩效。

（3）评价的内容及时调整。从美国公共卫生绩效评价的发展历程来看，绩效评价的内容体现了不同时期的工作重点和目标，从只关注所能提供的服务，再到体系的建设，甚至考虑到社会环境因素的影响。评价的对象除了地方项目外，还包括公共卫生体系的整体绩效。评价内容的及时调整有利于改善公共卫生体系的总体绩效。

二、"公平主导型"的英国公共卫生支出

作为一个实行国家卫生服务制度的国家，英国的公共卫生筹资模式以税收为主。卫生保健服务为全体居民免费提供，而且提供的依据是患者的需要而不是根据他们的支付能力。医院主要采用国有公营的形式，连全科医生，尽管是独立执业者但仍是在国家卫生服务制度的框架下根据合约的方式运营。"二战"以后，西方国家普遍推行各种社会福利政策。福利政

策作为一项重要的社会公共政策，关乎民众生活以及社会的政治稳定。欧洲国家以其完备的福利政策而闻名于世，英国就是其中的典型代表。

（一）完备的法律支撑

英国十分注重公民的社会福利。英国政府通过立法的手段建立了世界上第一个公共卫生体系，同时，在城市改造中也以建立公共卫生体系为中心。1875 年，《公共卫生法》在议会通过，代表着英国的公共卫生体系正式建立。该法令对公共卫生做了详细的规定，内容包括排水、供水、食品卫生监督、疾病预防等。1878 年，英国又颁布了《公共卫生条例》，对公共卫生体系进行了进一步的完善。在美国遭遇"9·11"袭击后，英国政府强烈认识到加强重大突发公共事件应对能力建设的重要性。英国卫生部"突发事件计划协作机构"（EPCU）紧接着颁布了"国民健康服务系统突发事件应对计划"，通过该计划，英国卫生部搭建起突发公共卫生事件应对体系的综合框架和公共卫生资源网络。

（二）强大的国家财政

英国的公共卫生体系是基于其强大的国家财政，"国民健康服务系统"（National Health Service，NHS）在 1948 年正式成立，它是英国最大的健康卫生组织。目前，NHS 已经成为英国福利制度中重要的一个环节，是其福利政策的具体体现，这套计划在 1996 年、1998 年又被修改更新。NHS 每年运行资金大约 500 亿英镑，而在 2005 年，这一预算增加到了 690 亿英镑[①]。随着国内疯牛病等公共卫生事件的频发，英国政府构建了包含中央与地方两级机构的公共卫生监测防范网络，卫生部等中央一级机构，主要负责对疫情进行分析判断，制定相关法规政策，以及做好组织间的协调与服务工

---

① 邵柏，黄佳礼，马赛. 美英两国公共卫生突发事件预警与应对［J］. 中国国境卫生检疫杂志，2004（12）：27.

作。分支机构、医院诊所与社区医生等地方一级机构，则负责对突发疫情的发现、跟踪及诊疗等工作，其是整个公共卫生监测防范网的基本单元。

1948 年，英国开始实施由政府主导的全民免费医疗政策，也就是说，国民到公立医院看病所产生的费用由政府承担，但若公民有其他特殊需求，也可以选择到私立医院就诊。这样的全民公费医疗体系既没有阻碍政府的干预职责，又发挥了市场的导向作用，既表现了政府干预的公平性和成本可控性，同时又折射出市场的高效性和灵敏性。在这样的体系下，英国公共卫生服务普及面广，卫生费用低，公共卫生均等化程度也较高。

（三）公共筹资服务体系

据英国国家统计局发布的报告，2013 年，英国现有就业人数 3019 万人，失业率为 7.2%。[1] NHS 的服务宗旨是不管个人收入多少，只依据个人的不同需要，为人们提供全面的、免费的医疗卫生服务。NHS 要具体落实这些人医疗的具体方案。据英国《卫报》报道，NHS 为彻底执行服务计划，到 2020 年前需要额外 80 亿英镑。[2] 维持 NHS 资金，82% 由英国政府财政拨款，12.2% 来源于国民保险税，剩下的来自社会和慈善机构的捐款以及少量的非免费医疗收入。[3] 此外，21 世纪的 NHS 通过积极鼓励私人资本和私营医疗机构进入大众医疗服务领域，从而扩宽资金来源。

（四）重视公平与服务质量的绩效评价体系

一直以来，英国医疗制度的公平性被世人所推崇。但是，其同样存在服务效率低下等问题。为此，英国政府建立 NHS 时就包含了绩效考核指标，并在之后的卫生改革过程中，逐渐形成了较为完善的绩效管理体系。主要体现在以下两个方面：

---

[1] 参见新华网《英国就业人口创 5 年新高》。
[2] 参见环球网《英国家医疗服务系统 2020 年前需额外 80 亿英镑保证服务》。
[3] 参见中国新闻网《英国"从摇篮到坟墓"的福利国家》。

第一，英国公共卫生绩效评价框架体系主要包括 NHS 绩效评价框架（Performance Assessment Framework，PAF）和卫生服务质量与结果框架（Quality and Outcomes Framework，QOF）。

基于平衡计分法理论建立起来的 PAF，具有测量、评估和赏罚的功能，旨在通过卫生服务的管理来改进绩效，通过对卫生系统绩效的评估，进而促进 NHS 提供高效的服务，减少不平等，保障民众健康。该框架包括投入、产出与结构三大指标，涵盖六个相互影响的评价维度，最终获得资源使用的经济、效率及效果的信息。六个维度分别是公平的可及性、健康改善、适宜的卫生服务、高效的卫生保健、病人和看护者的经历，以及良好的临床结果。公平的可及性属于投入指标，健康改善属于结果指标，其他四个则属于过程指标。很多的卫生服务概念框架认为临床结果应属于结果指标，但 PAF 则指出其应属于产出指标。①

作为绩效评价工具的 PAF，由于其所涉及的评价指标与国家的战略重点紧密相关，所以其也是一个管理工具。这样国家的战略就可以通过 PAF 和地方的卫生服务活动紧紧联系起来。此外，为了检测地方机构的进展，英国又制定一套新的高水平绩效测量指标。

作为考核 NHS 机构绩效的 QOF，其指标体系均由 NHS 制定并自愿实施。该体系包含1000个生存质量点，多组指标，四大领域：临床服务领域、组织机构领域、病人体验领域以及其他服务领域。QOF 的推行，大大提高了英国的卫生服务质量。但美中不足的是，大多数 QOF 的指标都是根据最佳抑或是当前最好的指标进行计分，这就难免使很多做了相应的事的机构得不到较高的分数。

第二，英国 NHS 致力于对质量、可及、公平、效率及健康促进的追求，故其评价框架也具有此特点。主要体现在以下三个方面：

（1）追求公平可及。英国主要从卫生服务需要的角度和患者需求的角度

---

① Chang L. C., S. W. Lin, D. N. Northcott. The NHS Performance Assessment Framework: A "Balanced Scorecard" Approach? [J]. Journal of Management in Medicine, 2002, 16（4-5）: 345-358.

来反映卫生服务的可及性和服务使用情况。可及性主要考量卫生资源的供给情况，主要通过每千人口医生数、每千人口床位数等指标体现。服务使用情况则通过卫生服务的覆盖率来表现，对应指标包括患者就诊率、住院率等。

（2）重视服务质量。英国卫生系统的服务质量一直以来由于缺乏外部竞争，导致服务质量不高。为了改善卫生系统的现状，绩效评价框架将服务质量单独作为指标纳入。服务质量通过医疗质量和患者的感受来反映，相应的指标包括住院死亡率、治愈率、生存率和等待时间等。

（3）提升服务效率。服务效率不高一直以来也是英国卫生系统的主要问题，因此，在英国卫生系统的绩效评价框架中，效率也是一个重要的指标。其主要以医生的工作效率和资源的利用率来体现。相应的指标包括日处理比例率和日均处方费用等。

第二节　转轨国家的公共卫生支出

经济基础决定上层建筑，转轨制国家由于国家经济体制正经历着由计划经济向市场经济的转变，这就决定了转轨制国家的公共卫生服务体系没有发达国家的成熟，也处于转变过程中。对原有制度的承袭与创新并存，固有问题的存在与新问题的产生并存，因此完善转轨制国家的公共卫生服务体系仍是一项长期的工程。本节主要选取俄罗斯和匈牙利为代表。

一、"劫富济贫"式的俄罗斯公共卫生支出

（一）以预防为主的卫生支出方针

俄罗斯实行的联邦专项计划有《社会性疾病预防与控制计划》《俄罗

斯联邦高血压预防与治疗计划》和其他地区性卫生医疗计划等。俄罗斯政府试图通过实施这些计划促进俄罗斯国民健康。俄罗斯各地兴起了很多健身俱乐部，一些业余体育训练班也十分火热，重视国民健康的氛围在俄罗斯很浓厚。这些健身训练一定程度上促进了俄罗斯国民的健康，患传染病的人数减少了，国民期望寿命也有所增加，人口出生率也随之增长。

此外，俄罗斯的医疗保险特别强调对早期疾病，尤其是一、二级疾病的预防。早期疾病的预防控制相对后期大病而言，卫生支出投入较少，但效果却更明显。这不仅大大节约了公共医疗卫生费用，同时也促进了人们的身体健康。[①]

（二）以津贴取代优惠的政策

2004 年 8 月，俄罗斯国家杜马和联邦委员会审议通过了以津贴取代优惠的福利改革法案。该法案规定：俄罗斯将逐步取消一些优惠政策（如免费医疗和疗养等），并以现金的方式对享受福利的公民进行分类补偿。联邦政府负责按月为卫国战争伤残军人、卫国战争参战老战士等群体支付津贴（每月 650~1550 卢布），为残疾人员以及切尔诺贝利核泄漏受害者发放补助（每月 350~1000 卢布）。对于儿童的福利待遇，由各地方政府自行决定。这个法案还增设了社会福利包政策，福利包包括一揽子社会服务费，它规定：该项福利享有者只要支付 450 卢布，即可全年享受免费疗养和医疗服务。

（三）"劫富济贫"式的医疗保险金筹集方式

1991 年，俄罗斯通过《俄联邦公民医疗保险法》，并在两年后施行强制医疗保险制度，要求各地区设立医疗保险基金会，基金会成员主要由地区居民、保险公司、医生和政府部门组成。基金会的主要职责是筹集保险

---

① 孙莹. 俄罗斯医疗保障体制改革及其前景 [J]. 学理论，2011（26）：79-80.

经费，不过筹集的对象是居民工作的所在企业，并不是居民本人。企业会按员工工资的 3.4% 向基金会缴纳保险费，同时为了保证医疗制度的管理和对中央直属医疗机构的财政补贴，企业还按员工工资的 0.2% 向中央医疗保险基金会缴纳经费。对于那些没有工作单位的居民，则由政府承担相应的费用。这实际上就是由富裕者和健康者分别承担穷人和病人的医疗费。这种筹资方式也有一些明显的弊端。俄罗斯政府正在考虑让居民个人负担一部分医疗费用。①

（四）公私相结合的医疗保险制度

在俄罗斯，公费医疗保险承担的范围主要包括一些重要疾病（如结核病、精神病、艾滋病等）的预防和治疗、基础医学研究经费、医务人员培训基金、医疗事故防范经费和特别需要高科技诊断等经费。但俄罗斯实行的医疗保险所能筹集的经费毕竟很有限，因此国家医疗保险需严格限定在一定范围。私人医疗保险顺势而生，那些强制性医疗保险所不能覆盖的人群通过私人医疗保险就可以享受所需的医疗服务。

二、"中央直管"的匈牙利公共卫生支出

（一）中央政府主导的医疗卫生支出制度

匈牙利早期医疗保险基金的管理主要由雇员和雇主代表组成的监管会负责，1998 年后，中央政府撤销了监管会，由政府直接监管，这样地方政府就拥有了医疗保险管理方面的责任，不过主要责任还是由中央政府承担。中央政府主要负责公共卫生医疗政策的制定，医疗保险基金赤字的平衡，非投保社会群体的社会医疗保险缴费的承担，低收入人群医疗支出的

---

① 储振华. 俄罗斯医疗制度改革动态 [J]. 卫生经济研究，1995（3）：41.

补贴，为医疗教育研究等提供财政经费支持、提供地方政府专项补贴，为自愿医疗基金组织进行税收返还等方式和方面承担责任。这一切的实施，议会中的议员都会要求内阁督促政府部门对国家医疗保险基金进行合理的利用。[①]

（二）医疗保险基金的建立

1992 年，匈牙利政府将原有的社会保险基金进行分解，具体细分成养老保险基金和医疗保险基金两个相互独立的机构。医疗保险基金组织主要承担医疗服务经费和疾病津贴的提供，其日常管理工作则由国家医疗保险管理局负责。国家医疗保险管理局通过在各个县设置办公室对医疗基金进行全面管理，2009 年县级办公室进一步合并为地区办公室，由中央财政直接支付相关的医疗服务经费，并与各地区的医疗服务提供者签署有关财政转移支付支持的协议。

匈牙利的医疗卫生保险基金主要有三个方面资金来源：一是强制性的社会医疗保险，它分别由用工单位和职工按职工支付工资总额的 11% 和 5% 的比例缴纳，这部分金额占基金总量的 60%；二是医疗保险税，它由用工单位为该单位按每月每位职工支付 15 欧元的标准缴纳，这部分占基金总量的 20%；三是政府预算，政府预算每年都会把国家卫生保险基金列入财政的支出，这部分占基金总量的 20%。[②]

（三）医疗公有制主导下医疗服务私有化

私有化一般是指所有权形式从公有转变为私有，由国家过渡到私人。随着私人以及私人资本不断涌入医疗领域，匈牙利的医疗服务渐渐出现私有化倾向：私人医生、私人诊所、家庭医生、工厂医疗室、医疗保险公

---

①② 森德尔·加莱，巴拉茨·杜波斯. 匈牙利医疗改革探析（1900-2010）[J]. 袁婷，刁大明译. 公共行政评论，2010（5）：25-64+202-203.

司……目前，匈牙利的医疗服务总量中大约有10%属于私人医疗，90%的人造肾脏研制中心以及1/3的CT和MRI系统是由私人公司运作，90%的家庭医生、70%的牙科服务机构也实现了私有化，现有的国有药店已全部私有化，此外，不少医疗专家在从事私人医疗工作的同时也为公共医疗部门提供服务。不过，尽管如此，匈牙利的医疗服务并不是完全私有化。大多数的医疗机构，除药店与教会医院外，所有权仍然属于国家；在私人医疗方面，除了皮肤病科、妇科、牙科等补充服务外，在专业门诊、住院服务等方面，其所产生的影响还是有限的；完全私有化的辅助医疗服务机构数量也极其有限。此外，私人资本一般只投资可盈利的特定领域。据统计，截至2008年，匈牙利150家公立医院中只有不到10家实现私有化。①

（四）管理式医疗模式的试验

1999年，在学习和借鉴美国的"管理式医疗体系"和英国的"家庭医生基金持有模式"的基础上，匈牙利政府开始实施"管理式医疗"试验。通过该试验，匈牙利政府希望能够验证管理式医疗体系在削减开支的同时，是否可以提高医保的效率与质量。在试验中，医疗协调员起着重要的作用。他们根据参保的人数向医疗保险基金处领取资金，再为病人联系医疗服务机构，而具体选择哪家医疗服务机构提供医疗服务也是由他们决定的，最后由他们支付全程所产生的费用。协调员的工作表现最终由政府监督，试验规定若协调员的业绩三个月以上出现赤字，将被取消资格。试验最初还是取得了较好的成效，医生获得更高的收入，病人得到更多的关注和更好的医疗服务，国家整体医疗开支明显下降，医疗协调员的业绩及所产生的财务状况也较平衡。该试验最初包含9个项目，涉及各个地区。最初16万人，3年后增加至50万人，2004年覆盖人数突破95万人，最终

---

① 森德尔·加莱，巴拉茨·杜波斯. 匈牙利医疗改革探析（1900-2010）[J]. 袁婷，刁大明译. 公共行政评论，2010（5）：25-64+202-203.

扩展至 200 万人。随着协调员的不断增加，管理式医疗模式在推广的过程
中出现了诸多问题，这也迫使匈牙利政府不得不去面对并寻求解决办法。

第三节　发展中国家的公共卫生支出

发展中国家由于经济发展水平较低，大多数人民的生活水平也较为低
下。往往发展中国家的人口出生率都比发达国家的出生率高，儿童抚养比
率高；此外由于对公共卫生条件的改善和传染性疾病的控制，发展中国家
的死亡率大大降低，老人抚养比重加大。这无形中大大增加了发展中国家
财政公共卫生支出的负担。有些发展中国家在大力发展国家经济的同时，
也注重公共卫生服务体系的建设，摸索出属于自己国家特色的公共卫生政
策。本节主要选取印度和马来西亚为代表。

一、"目标明确"的印度公共卫生支出

(一) 三级医疗网络体系

印度的公共卫生医疗事业中最让人关注的是"三级医疗网络体系"，
其专门为农村居民提供医疗服务所设置。三级医疗网络体系主要包括保健
中心 (Sub-centre)、初级保健中心 (Primary Health Centre) 和社区保健中
心 (Community Health Centre)。保健中心是印度最基层的医疗机构，它实
施的基本医疗保健，主要为邻近村庄 3000~5000 名村民提供卫生保健服
务，一般有男女保健人员各一名在保健中心里，男女保健人员有具体的分
工，有关母婴健康、计划生育、预防接种和发放基本药品等工作主要由女

保健人员负责。印度的家庭福利部承担保健中心运行经费的拨付；由州或联邦政府建立及维持的初级保健中心，是连接农村地区和地方政府卫生官员的第一个桥梁，主要为保健中心提供转诊服务。一般每六个保健中心就会配置一个初级保健中心，为 2 万~3 万的农村居民服务，全国一共有四个初级保健中心；社区保健中心由州（联邦）政府建立和维持，它的职责主要是提供治疗性和预防性服务。在每个社区保健中心里拥有较完备的医疗设施及充足的医务人员。社区保健中心是初级保健中心的上级转诊医院，一般每十万的农村居民就会配置一个社区保健中心。三级医疗网络体系的实施，在一定程度上减轻了印度农村居民的经济负担，同时也保障了印度社会的公平性。但是其在运行过程中还是存在一定的问题，比如机构覆盖面不足、卫生人员和医疗物资相对匮乏等。这也是印度基础公共医疗卫生中某些服务无法获得有效开展的原因之一。[①]

（二）多种社会医疗保险的推行

印度的医疗保险制度非常注意弱势群体的利益，印度政府极力探索医疗保险制度的创新，努力将绝大多数国民都纳入社会医疗保险里来。印度政府推行了两个政府性社会保险计划，它们分别是为中央政府雇员提供保险的"中央政府医疗保险计划"和为正规组织部门员工提供保险的"国家雇员医疗保险计划"。除此之外，政府还在非正规经济部门推行了三种医疗保险：非政府组织为成员设计保险项目通过集体向保险公司投保，农产品加工企业把合同农户组织起来向保险公司集体投保，以及非正规经济产业工会的健康福利项目。不管是两个政府性社会保险计划还是非正规经济部门的三种医疗保险，都是为了减轻国民承担那些发病率较低医疗费用却较高的大病的经济负担。此外，通过社区、企业和工会的集体投保，对非

---

① 吴红雁，冯国忠. 浅析印度医疗保障体制及给我们的启示［J］. 中国卫生事业管理，2007（11）：789-791.

正规就业者而言，获得正规的保险服务，保证了他们的健康安全和收入安全；对保险公司而言，在一定程度上降低了他们的交易成本；对于社区、企业和工会而言，既强化了他们抵抗风险的能力，又增加了他们的凝聚力。①

（三）垂直式的公共医疗管理机制

印度主要采取垂直管理的方式对一些重要疾病实施控制。这种管理方式主要是为由中央政府启动的从中央到地方垂直管理的医疗项目所设置的，这种医疗项目是在短期内能达到预期成效的疾病控制项目。垂直式的公共医疗管理机制对相关部门的职责范围进行了明确的分工，为每一种特殊疾病的防治都配置了一套独立的运行体系，其服务供给系统（Service Delivery System）相对较为独立。在印度农村地区，家庭福利计划就是采取的垂直管理的方式。但在运行这种方式时，各个部门经常各自为政，既浪费公共资源，也降低了运行效率，因此，成本非常高昂。后来，印度政府为了克服垂直管理在公共卫生保健管理机制所造成的弊端，方便各地区统一管理卫生医疗事务，于是将各个项目的人员及资源统筹起来，并设立了地区健康委员会。②

（四）全国性公共卫生计划

2005 年，印度中央政府推出全国农村健康计划（National Rural Health Mission，NRHM），该计划涵盖了印度城乡，包括 18 个相对落后的邦。其主要包含了五个方面的主要内容：灵活任务库、灵活生殖健康库、脉冲脊髓灰质炎免疫接种、基础设施维护和全国性疾病控制计划。针对灵活任务库和灵活生殖健康库两项目，印度联邦政府还根据各邦的健康状况，将全国划分成重点邦和非重点邦，并根据各邦的人数拨付所有项目资金，不过

---

① 王云鹏，时建伟. 印度医疗体制的主要特色及其对我国的借鉴意义 [J]. 长春教育学院学报，2009（1）：56-58.

② 黄晓燕，张乐. 印度公共卫生医疗体系 [J]. 南亚研究季刊，2006（4）：8-13.

重点邦可另外获得 30% 的资金补助。该计划的实施旨在在 2012 年之前大幅度提高中央政府的拨款，预计前两年提高 30%，接下来提高 40%。2007~2012 年，五年间各重点邦所获得的额外拨款至少占中央政府拨款的 15%，抑或将全国的医疗卫生预算每年提高 10%，而且各项目资金的拨付直接转至邦级的社会团体，避开国家的财政预算，以确保项目资金能够及时到达相关的执行部门。① 该项目的实施在一定程度上解决了印度公共医疗卫生支出水平低下，各邦之间公共卫生支出分布不均等的问题，同时也让印度农村村民享受到与城市居民相等的医疗卫生服务。

二、"提倡私有化"的马来西亚公共卫生支出

(一) 病人完全付费计划

马来西亚政府于 2008 年 1 月 1 日起开始全面实施"病人完全付费计划"（Full Paying Pattern，FPP）。FPP 计划是指病人到公立医院后，若签署了知情同意书，就意味着同意在医院期间所发生的所有医药费用完全由自己承担。不过，完全自费支付费用也让病人获得一定的特殊服务，如可自由挑选专家、享受头等病房等。不过，并不是公立医院里所有的科室都参与 FPP 计划，政府对 FPP 计划所适用的范围进行了明确的规定，如牙科、麻醉科、儿科、妇产科等，只有这些规定的科室才可以启用 FPP 计划。据统计，在马来西亚每年大约有 50% 的专科医生放弃公立医院的工作，选择到私立医院就业。所以，"病人完全付费计划"的实施，增加了公立医院医生的收入，减少了公立医院专科医生的流失，同时也为公立医院提供了更为充足的医院经费，病人也能以低于私立医院的价格获得更高质量的医疗服务。此外，政府甚至认为 FPP 计划的实施将增加马来西亚医

---

① 张奎力. 印度农村医疗卫生体制 [J]. 社会主义研究, 2008 (2)：59-61.

疗旅游的规模，进而增加国家的财政收入。①

（二）政府投资私立卫生机构

1979 年，柔佛专科医院成立，这是马来西亚第一家由政府投资的私立卫生机构，是柔佛州政府下属的柔佛州经济发展公司投资设立。柔佛保健集团经过 30 多年的发展形成了一个庞大的医疗服务网络，拥有医院床位数超过 2500 张，医务人员也超过 7000 名，成为马来西亚最大的私立连锁医院。此外，国库控股有限公司（财政部下属机构）于 2006 年 8 月通过控制班太控股的 35% 股份开始进军私立医疗服务领域。班太控股拥有 8 家医院和 1068 张床位，是马来西亚投资于私立医院的大型企业集团。同时，该企业也为马来西亚的公立医院提供废物处理等后勤服务。尽管柔佛保健集团和国库控股有限公司的资产分别由柔佛州政府和联邦政府所有，但它们完全采取商业运作的模式，已非一般意义的公共卫生服务机构。马来西亚公共医疗卫生的私有化改革满足了本国富有人群特殊医疗服务的需求，有效地提高了国家医疗机构的运行效率，同时还为赴马来西亚旅游的人群提供了一定的医疗保健。但是，它也存在不容忽视的缺点，比如：私有化的举措虽满足了特殊人群的特殊需要，但无形中也把药品费用和医疗费用提高了；富人的特殊医疗服务得到满足了，必定伤害到穷人享受更好的公共卫生医疗服务，进而影响马来西亚的公共卫生服务的公平性；私立医院的兴起，必定吸引公立医院的专科医生，造成优秀专科医生的流失，进而导致部分优质公共卫生资源的流失。②

（三）服务性卫生医疗体系

由于马来西亚政府在国家医疗福利中承担着主要的筹资责任，在全球

---

①②　龚向光．马来西亚卫生体系改革及对我国的启示［J］．中国卫生政策研究，2011，4（7）：60-64．

性医疗福利体系中，被划分为福利取向系统。其医疗福利的财政资金主要来自三方面：税收、职工社会安全基金和私人保险公司。首先是税收，作为政府医院体系的主要财政经费来源，其由联邦政府卫生部直接编制预算，一般采取一次性支付预算的方式（Lumpsum Budget）。一次性支付预算又细分为运营预算（Operating Budget）和发展预算（Development Budget）。根据马来西亚卫生部的官方统计资料，相对私立医疗机构几乎全部来自昂贵的医疗费用的经费，政府医院在运营支出中，仅有3%来自患者的收费。其次是职工社会安全基金（SOCSO），基金的保费由雇主全额承担，参保的对象是月薪达到一定金额的雇员，具体金额数根据国民收入水平进行调整，而且通过法规强制执行。该基金主要用于保障员工因公致伤、因工致残时所产生的一系列费用。最后是私人保险公司。为了"健康马来西亚"（Sihat Malaysia）计划的顺利实施，政府竭尽全力地推广国民预付健康保险，此保险与美国的健康维护组织（HMO）的商业保险计划有些类似。被保险人允许在指定的医院接受医疗服务，由保险公司直接支付所产生的医疗费用，这种模式近些年在马来西亚甚是流行。①

第四节　对我国财政公共卫生支出的借鉴意义

通过对几个典型国家财政公共卫生支出的介绍，我们可以看到，不管是发达国家、转轨国家，还是发展中国家，每个国家的财政公共卫生支出体系都是不相同的，都存在各自的优点与不足，都不能直接效仿。我们应从各国各不相同的财政公共卫生支出政策的改革实践中，寻求共同点，为我国新医改背景下的财政公共卫生支出实践提供参考。

---

① 何倩. 马来西亚医疗福利政策面面观 [J]. 中国医院院长，2006（21）：64-65.

一、中央主导公共卫生支出

政府提供公共卫生服务，就是为了保障人民群众能够获得价廉、安全的基本卫生服务与产品。因此，在公共卫生资源配置中，中央政府应该履行主导职责，同时还要充分调动地方政府的积极性。世界上大多数国家也都采取中央政府主导，地方政府承担一定比例公共卫生支出的做法，不管是"效率主导型"的美国，还是"公平主导型"的英国，政府在公共卫生领域，都起着主导性的作用；匈牙利政府甚至撤销了监管会，由政府直接监管医疗保险基金；印度政府则采取了从中央到地方垂直式的公共医疗管理机制。

当前我国公共卫生支出责任主要由基层地方政府承担，而地方政府又缺乏承担的动力，中央政府与省级政府承担的公共卫生总费用相对较小，这与国际上中央与地方公共卫生支出的制度安排截然不同，无形中增加了我国基层地方政府的财政压力，不利于公共卫生服务事业的发展。

要坚持以政府为主导，具体措施有三个：一是健全医疗卫生服务保障机制。政府部门应重点把医疗卫生事业的发展作为关系民生幸福的重要着力点，进一步明晰公立医疗卫生机构的公益性原则，加大医疗卫生服务体系建设，在人、财、物及政策等方面提供全方位保障，为医疗卫生事业回归公益性奠定较扎实的物质基础。卫生管理部门应构建以社区卫生为基础的公共卫生服务体系，明确医疗、公共卫生及社区卫生机构各自所应承担的职能，从全局性的高度对不同部门的工作安排作出谋划。二是明确卫生服务机构职能定位。卫生服务部门应坚持有所为、有所不为的服务理念，对卫生部门中非公益营利性服务项目要逐步剔除。三是卫生服务部门应树立服务理念。首先，要由被动服务转向主动服务；其次，医疗服务要从有偿服务转为无偿服务。基层卫生部门要坚持服务理念，努力拓宽服务领域，优化服务程序，丰富服务手段，同时，切实提升服务水平。①

二、公共卫生支出有法可依

英国非常注重公共卫生支出的法律保障，通过立法手段建立世界上第一个公共卫生体系，1875 年就通过了《公共卫生法》；转轨国家的俄罗斯也非常重视法律在公共卫生支出中的作用，1991 年通过了《俄联邦公民医疗保险法》，并在两年后施行强制医疗保险制度；发展中国家的马来西亚也通过法规强制执行职工社会安全基金。英国、俄罗斯和马来西亚通过立法手段，使本国卫生支出的实施细则、程序以及监督都有了明确规定，使保障国民健康的目标有了法律保证，使各相关部门执行政策时有法可依，进而保障了公共卫生支出的科学性与客观性，杜绝了我国经常出现的"预算不足""突击花钱"等问题的产生。我国要积极推进公共卫生财政支出制度的法制化进程。制定和进一步完善有关公共卫生财政支出的法律、法规，对公共卫生财政支出制度的原则、内容、形式、依据、用途和监督加以明确和规范。

三、公共卫生支出目标定位明晰

作为人口密集又不富裕的印度政府，在公共卫生支出上目标定位非常明确，有专门为农村居民提供服务所设置的"三级医疗网络体系"，有对相关部门职责范围明确划分的"公共医疗管理机制"，还有根据各邦的健康状况将全国划分成重点邦与非重点邦，并根据各邦人数拨付项目资金的"全国性公共卫生计划"。这些计划的实施，使卫生体系各项指标均低于中

---

① 王跃平，林怿昊，方良，卢祖洵. 回归公益性——推进公共卫生服务均等化的基础 [J]. 中国疾病控制杂志，2011（12）：1078-1080.

国的印度所推行的"全民免费医疗"制度得以实现，使绝大多数民众的健康状况得到保障，使印度的贫困人口和弱势群体均能获得最基本的公共卫生服务。我国应借鉴印度的做法，将公共卫生支出的区域、人群定位清楚，有针对性地进行财政补助，这样才能确保加大投入规模后的财政公共卫生支出的有效性与公平性。毕竟，对于发展中国家而言，财政公共卫生支出的有效性与公平性，相对规模来说，是个更需要急于考虑的问题。

此外，印度注重贫困人口、弱势群体及农村居民公共卫生服务的保证，这值得我国这种二元经济结构下的公共卫生服务体制学习。一直以来，我国农村医疗卫生服务部门与城市社区医疗卫生部门状况存在较大差异，笔者认为，在改善基层卫生服务体系方面应区分城市和农村，因而在具体的改善做法上也有差异。

四、强化公共卫生支出的绩效评价

美国 Donabedian 的三维评价框架和 Handler 的五维评价框架，分别从各个维度上对美国不同层面的公共卫生体系进行绩效评价，为美国公共卫生政策的制定提供了科学依据；英国的 NHS 绩效评价框架和卫生服务质量与结果框架，确保了国家战略目标得以在地方实现。美国与英国完备的公共卫生支出绩效评价体系，大大提升了地方公共卫生部门开展绩效评价的能力。当前，我国也致力于构建财政公共卫生支出绩效评价体系，但绩效评价体系尚不健全，在实施过程中存在较多问题，如绩效评价指标与方法难以统一，绩效评价方式随意性大，绩效评价结果不客观等。这些都极大影响了我国公共卫生支出绩效评价工作的开展。因此，当前我国应制定国家级的公共卫生支出绩效评价标准，促进我国公共卫生支出绩效评价体系的发展。第一，公共卫生部门应针对需提供的产品及服务确立年度战略目标；第二，根据年度战略目标，对实现公共卫生服务的各资源进行成本测算；第三，根据测算的结果，遵循公共卫生"投入—产出—结果—影响"的逻辑思路，设计和筛选绩效评价指标；第四，公共卫生机构应提交周期性或阶段性的绩效报告，如实描述实施过程中完成的情况及存在的问题，及时调整计划路线，以确保目标的实现；第五，财政部门与公共卫生部门应对反馈的绩效评价结果进行客观的判断，依据结果进行财政拨款。

第九章

优化我国财政公共卫生支出绩效的建议

从国外财政公共卫生支出政策的经验启示来看，医疗卫生支出正成为国家财政支出的主要内容，无论国家发达与否，各国政府均强调政府责任，重视社会公平，强化法制建设，使公共卫生支出有法可依，进而实现社会的稳定。再结合前文我国财政公共卫生支出绩效影响因素的实证分析结果，本章从我国的基本国情和现阶段的主要任务出发，从三个方面提出了优化我国财政公共卫生支出绩效的对策建议：一是建立有效的绩效预算管理模式；二是提供公共卫生支出绩效的制度支持；三是强化公共卫生支出绩效的配套举措。

第一节　建立有效的绩效预算管理模式

在传统的预算管理模式下，财政部门往往根据卫生机构的人员编制、床位数等资源数进行财政拨款，这就容易形成"重分配、轻管理，重使用、轻绩效"的问题。绩效预算管理改进了传统的预算管理模式，将预算投入与预期成效紧密挂钩，将预算目标作为导向，把预算成本作为判断的依据，用绩效评估的结果作为核心，不仅关注预算成本的控制，更重视公共卫生机构的工作流程，高效地配置了预算资源。因此，财政公共卫生支出要完善科学的绩效评价体系，必须建立有效的绩效预算管理模式。

一、确立战略目标进行成本预算

公共卫生部门应针对需提供的产品及服务确立年度战略目标，年度战略目标应紧跟国家总体规划。在总体战略规划的框架下，各地公共卫生部门应结合实际情况，考虑当地的经济发展水平与资源特点，制定出符合本地民众实际需求的财政公共卫生支出战略目标。在此基础上，细分公共卫生支出具体项目及所需配套资源，进行成本预算。公共卫生支出项目的预算中，应以对项目所提供的服务、流程为依据，以必要工作为预算单元，包括对人、财、物消耗的直接成本，以及其他间接成本（车辆损耗、交通费用等），都进行计算。凡是资金活动的地方，都要有预算，使预算全覆盖，无遗漏。绩效预算经多次修改，达到中央财政要求后，下达到各级政府。各级政府要配套相应的资金保证，并明确各自的责任，签署目标责任书。

二、选择评价指标实施过程控制

公共卫生服务的公益性特点，决定了其在提供服务时应关注公平，并要兼顾效率。但由于公共卫生项目的种类、数量及所需资金量不同，不同的公共卫生项目考核指标也不尽相同，选择科学有效的评价指标就对财政公共卫生支出绩效评价体系的构建至关重要。在选择评价指标时，应明确指标的内容与重点，要充分考虑评价的可操作性，要注意评价指标的量，还应注重评价指标的质。同时，还应考虑到各个省份之间所采取的财政预算管理模式的不同。因此，在对我国财政公共卫生支出进行绩效评价指标选取时，可以进行总体评价指标的选取与维度评价指标的选取。总体绩效主要是对全国、各省市、各基层卫生部门公共卫生活动成果的评价，因此，在指标选择时，应选用投入指标、反映卫生资源改善的产出指标和反映经济社会效益产生的结果指标；当前我国公共卫生项目包括了11个大类41项基本公共卫生项目和6个大类重大公共卫生项目，在进行绩效维度分析时，可根据需要进行适当的调整。在指标选择时，可选用经济性指标、效率性指标、效益性指标、公平性指标。经济性指标侧重反映公共卫生投入的规模与强度，效率性指标侧重反映投入与产出比较，效益性指标侧重反映"产出物"对公众整体健康和公共卫生环境有何影响，公平性指标侧重反映区域差异和城乡差异。部门有了明确的指标选择后，应定期提交绩效报告，这不仅有利于上级主管部门了解工作完成情况，同时也有利于发现本身的不足，及时调整工作计划，实现过程有效监管。

三、反馈评价结果调整财政拨款

公共卫生支出所产生的成果与卫生产品，要放在市场经济条件下进行衡量。它们同样要遵循价值规律，特别要重视成本的控制。预算支出更强调服务的可及性，在内外监管缺乏有力保证的情况下，往往会出现支出的扩张。绩效预算管理能更好地强化内部控制，强调成本意识，使得财政公共卫生支出所提供的产品及服务，能够像"商品"一样严格遵循市场规律。在传统的绩效预算模式下，"人员—职能—经费"的制度安排，没能最大程度优化公共卫生支出资金使用的效率。绩效预算管理的根本目的是强调预算投入与预算成果之间的联动，通过建立"公共品—公共品成本—预算"的模式，根据绩效评价结果的反馈，对整体绩效的提升，起到积极作用。绩效评价结果的反馈是整个财政公共卫生支出绩效评价工作的核心，有效的反馈有利于开展更合理的预算资源配置，提高资金使用的效率，促进绩效评价信息的公开，有利于财政部门及时进行财政拨款的调整。因此，要明确绩效评价结果的公开范围，要加强行政问责。要把评价结果与财政拨款紧密相连，将公共卫生部门早期预算投入与后期预算结果挂钩，形成有效的激励措施，提高公共卫生部门的服务效率与服务能力。

四、设置第三方绩效考核评价机制

设置第三方绩效考核评价机制，从而确保考核结果客观、公正。一直以来，对医疗卫生机构的考核评价工作是由卫生主管部门负责，由于其既负责管理工作又负责实施工作，难免存在包庇造假行为。如果能引入第三方考核评价机构，把公共卫生的管理与监督职责分离开来，那么将有助于提高公共卫生服务机构的工作效率。例如，将有关人、事和资产的管理工作交由公共卫生服务机构负责，而对基本公共卫生服务情况进行监督和考核的工作则由地方卫生部门负责。政府可对所属的市级医院实行管办分开改革，由第三方评价机构作为政府办医的责任主体，主要负责市级公立医院的管理工作，如重大决策的制定、经营者的聘任、业绩的考核和评估等。这样政府就可从烦琐的管理工作中抽离出来，主要进行监督工作。上海市政府在 2005 年就成立了上海申康医院发展中心，对 23 家市级公立医院进行管理。经过多年的运营，这 23 家市级公立医院在其管理下公益性发展取得了较好成效，其成功经验值得借鉴。① 此外，还可借鉴国外的做法，由卫生行政部门领导、授权，以签订合同的方式确定第三方绩效评价机构。该做法既使考核评价结果客观公正性得到保障，同时也避免了又管又办的考核主体缺位、越位等问题。

---

① 甘发清. 试论新形势下我国医疗卫生管理人才的培养 [J]. 求医问药, 2012 (1)：153-154.

第二节　提供公共卫生支出绩效的制度支持

有效的绩效预算管理模式建立，需要有制度支持，才能保证预算管理模式的开展。当前需要创新财政公共卫生投入体制，改革公共卫生经费转移支付制度，制定科学合理的区域卫生均等规划，完善公共卫生支出项目管理体系，从内到外为公共卫生支出绩效提供制度支持。

一、创新财政公共卫生投入体制

新医改方案明确提出，我国要逐步实现"两个提高"："逐步提高政府卫生投入占卫生总费用的比重，使居民个人基本医疗卫生费用负担有效减轻；逐步提高政府卫生投入占经常性财政支出的比重，政府卫生投入增长幅度要高于经常性财政支出的增长幅度。"中央政府之所以提出"两个提高"，其目的在于扩大财政公共卫生支出规模，以改善我国居民"看病难，看病贵"的局面。

本书在第三章已论述，2000 年，我国总人口 126743 人，人均卫生费用是 361.88 元，其中，城市人均卫生费用是 813.74 元，农村人均卫生费用是 214.65 元。2018 年，我国总人口为 140541 万人，城镇人口 86433 万人，乡村人口 54108 万人。人均卫生费用为 4237.00 元。2016 年，城市和农村人均卫生费用分别是 4471.50 元和 1846.10 元。尽管 2018 年城市和农村人均卫生费用缺失，但从 2016 年的数据，足以看出，这十几年间，我国卫生总费用及公共卫生支出得到迅速增长，但他们的增长并没有带来人均卫生费用的降低，反而增长了。这说明我国对公共卫生事业的投入仍然不足，居民在卫生方面的负担依然较重。此外，与世界其他各国相比，我国卫生总费用支出占 GDP 的比重一直都不高，到 2009 年才突破 5%，达到5.1%，而世界卫生组织要求我国卫生总费用占 GDP 的比重在 2000 年就要达到 5%。因此，种种数据都表明我国财政公共卫生投入还有待提高，扩大公共卫生支出规模势在必行。

但是一味强调增加财政公共卫生支出规模也非明智之举，这种行为只会让国家公共投入走入一种"粗放型"增长的道路。因此，应该寻找到适合我国经济发展水平的最优化的公共卫生支出规模，以有效地减少因公共资源过度投入而造成的浪费。

此外，不仅要将财政公共卫生支出规模这块蛋糕做大，还要将其分好。扩大财政公共卫生支出规模不是简单的扩大，而是一种"集约型"扩大。在财政公共卫生投入不足的区域应以扩大财政公共卫生支出规模为主要任务；在财政公共卫生投入具有一定规模的区域应在适度增加公共卫生投入的基础上，进一步提高公共卫生投入使用效率。

既然扩大财政公共卫生支出规模是促进我国医疗卫生事业发展的重要举措，那么投入到公共卫生的资金从何处来，这一问题就不得不涉及我国公共卫生资金的筹措渠道。自 2009 年实施新医改以来，我国政府通过大幅增加财政卫生预算投入和建设覆盖全民的医保体系，已使我国的医疗卫生筹资体系发生巨大变化，但若无法创建多元化的筹资渠道，扩大公共卫生支出规模只能成为无稽之谈。

现阶段，我国医疗卫生筹资问题重重。这主要表现在以下三个方面：一是在我国公共卫生的筹资来源中，个人筹资的比例较高，税收筹资和社会保险筹资相对不足，筹资结构呈现一种"倒金字塔"形的结构，这种筹资结构严重地影响了我国基本公共医疗卫生的实施范围及其公平性；二是在当前社会医疗保险主要以职业为依据的筹资机制中，面临着这样的困境，高收入阶层对低水平医疗服务不感兴趣，而低收入阶层却依然缴费困难；三是筹资模式以公共筹资（税收和医疗保险筹资）和个人筹资为主，呈现二元化特征，几乎没有有效的社会筹资渠道。因此，笔者认为，十分有必要创建多元化的筹资渠道。

本书第八章讲到世界上其他国家在公共医疗卫生的诸多政策，其中就论述了一些国家公共卫生的筹资方式。英国就是以税收筹资为主，社会保险筹资为辅的典型代表方，英国各级政府主导本国公共卫生筹资，其中税收筹资占到76%，社会保险筹资则占26%，个人无须缴纳。美国则是以个人筹资为主，税收和社会保险为辅的公共卫生筹资模式，这种筹资方式以市场为导向。不管是哪个国家医疗卫生的筹资方式，均有各自优点和缺点。我国的公共卫生筹资，须借鉴国际经验，取长补短，但也须立足本国国情。

笔者认为，在医疗卫生筹资机制中，政府必须将更多的社会资源引入该领域，从而进一步提高医疗卫生总费用占整个 GDP 的比重，从而实现我国公共卫生筹资机制的优化，保证我国公共卫生筹资结构的公平性。要实现筹资结构由"倒金字塔"形结构向政府和居民个人筹资适中，社会公共筹资为主体的"橄榄"形结构的转变，保持税收筹资、社会保险筹资、个人筹资比例为 3∶4∶3。新体制的融资结构主要包括三种类型的医疗保险计划：医疗救助计划、社会医疗保险计划和私人医疗保险计划。

我国创建多元化筹资渠道的具体做法有多种，此处重点介绍三种比较典型的做法：一是启动政府采购公共卫生服务产品的项目。通过各级财政拨款给各卫生管理部门的做法已无法适应医疗卫生服务越来越市场化的需求。党的十八届五中全会提出"创新公共服务提供方式，能由政府购买服务提供的，政府不再直接承办"。这也就意味着各级公共卫生机构接下来一段时期的工作重点之一就是逐步推进政府购买公共卫生服务。二是大力发展健康产业经济，推动"健康消费"新型服务业的产业升级。国家可以大力新建"健康产业园区""医养结合基地"，把房地产资金引入公共卫生领域，用市场化的手段为公共卫生基础建设注入新的生力军。三是发行公共卫生国债，提高存款利息税。发债能为公共卫生建设在投入上赢得时间，解决基层卫生机构人和物缺乏的瓶颈。收税是对居民收入的再分配，能促进医疗卫生服务的公平性。

二、改革公共卫生经费转移支付制度

我国制定公共卫生转移支付制度的目的在于调节地区间公共卫生投入的差距，是实现公共卫生支出均等化、公平化的重要举措。可是，当前我国的公共卫生经费转移支付制度主要存在三个问题：一是公共卫生财政转移支付结构不合理。我国中央财政对公共卫生项目的转移支付，一般是基于各地区的经济发展水平及各地区政府的财政能力来考量的，转移支付的对象大多是经济不发达地区。在转移支付结构中，用于缩小地区间差距的数额偏低，而用于税收返还和补助的数额却偏大。二是财政转移支付的标准缺乏一定的规范性。在我国现行的公共卫生财政转移支付的规章中，并未有一套科学而完善的测算方法，公共卫生支出的资金分配缺乏科学依据。三是政府随意安排公共卫生转移支付资金，资金缺乏有效监管。[①] 因此，对我国现行的公共卫生经费转移支付制度进行改革，显得尤为重要。

在此，笔者提出三点认为相对重要的解决办法：一是实行公共财政转移支付的"点面结合"，实施中央财政对重点项目的转移支付制度，以及地方财政政策侧重公共卫生服务的地方均等化的政策，是弥补现有转移支付制度不足的比较有效的政策措施。二是积极推进公共卫生财政转移支付制度的法制化进程。制定和进一步完善有关公共卫生财政转移支付的法律、法规，对公共卫生转移支付制度的原则、内容、形式、依据、用途和监督加以明确和规范。三是成立专门的公共卫生财政转移支付机构，建立

---

① 关洁. 论我国财政转移支付制度的不足与完善措施 [J]. 现代商贸工业，2010（17）：108.

和完善公共卫生财政转移支付考核评价机制。这个专门行使公共卫生转移支付管理职能的决策和执行机构需要承担两个方面重要的功能：一方面，负责设计、修订公共卫生转移支付的方案，收集、计算公共卫生转移支付中的相关数据；另一方面，统筹管理和分配对地方的公共卫生转移支付的项目和数量，避免转移支付安排的随意性和交叉性，避免造成浪费。同时，依据公共卫生转移支付资金的类型和用途，设计和制定一套科学合理的效益评价与考核指标，对公共卫生转移支付资金的使用和效益情况进行追踪、评价和考核。

三、制定科学合理的区域卫生均等规划

我国公共卫生不仅存在总体投入不足的问题，还存在地区间投入不均衡的问题，最显著的表现为不同区域卫生投入存在很大不同，在同一区域中城市与农村居民的卫生投入同样有很大区别。在第四章中，本书采用单指标面板数据的聚类分析，以人均公共卫生支出的高低为依据对中国 31 个省份进行了区域划分，将我国各省份重新划分为财政公共卫生支出高、中、低支出三类区域，打破了我国以往简单地以经济基础为依据的东中西的划分格局，有利于政策制定部门有针对性地进行政策制定与财政支持，有效分配公共卫生资源。同时为了验证经济因素的重要性，本书通过增加人均 GDP 指标，将我国各省份重新划分为四类区域，分别为公共卫生支出和经济发展水平双高地区、公共卫生支出较低而经济发展水平较高地区、公共卫生支出较高而经济发展水平较低地区、公共卫生支出和经济发展水平双低地区，聚类结果表明，区域支出水平与经济发展水平不完全吻合。此外，城市对于公共卫生的投入也不同于农村，而且这一差距还在不断拉大。因此，统筹区域及城乡间的财政卫生投入显得尤为重要。

解决这一问题的具体做法分为两方面：首先，中央政府应制定区域间

卫生均等整体规划，合理配置公共卫生资源。我国政府应改变以往简单地以东部、中部和西部为划分依据的做法，制定科学合理的区域卫生均等规划，优化公共卫生资源的配置，进而将卫生资源向公共卫生中支出区域和低支出区域倾斜。但是，这并不意味着减少高支出区域的投入。应该具体区域具体分析，比如西藏，众所周知，西藏由于其特殊的地理环境、文化历史等因素，近几年来其医疗卫生事业发生了翻天覆地的变化。但公共卫生情况相对于其他地区而言，仍有很多需要完善的地方。因此，尽管它处于高支出区域，但仍需继续加大对西藏公共卫生事业的投入。只有合理配置公共卫生资源，尽可能使人人都能享受到大致均等的公共服务，满足所有人群的健康需求，才有可能实现区域卫生服务的均等化。其次，打破城乡二元公共卫生服务体制。城乡二元经济结构对我国医疗卫生事业也产生了重大影响，在二元经济结构下的公共卫生服务体制，农村居民的基本公共卫生服务需求难以得到满足，即使是在城市中的农民工群体，他们所能享受到的基本公共卫生服务保障依然让人担忧。因此，现阶段的主要任务是各级政府应重视农村公共卫生服务供给严重不足的现状，增加农村公共卫生的投入力度，满足农村居民基本的公共卫生需求，逐步建立覆盖城乡的一体化的公共卫生服务体系。[①]

四、完善公共卫生支出项目管理体系

一般说来，一个成熟的公共卫生支出项目管理体系主要分为公共卫生及传染病防治体系、危机处理体系、科学研究体系等几个方面。公共卫生不同项目支出要以合理的比例，其实质就是对这几种体系的投入的比例要合理化，这有利于我国公共卫生支出绩效的提高。

---

① 尹栾玉，田苗苗. 城乡基本公共卫生服务非均等化成因分析———一个公共支出的视角[J]. 学术交流，2011（8）：130-133.

　　"防"在公共卫生事业中的地位和取得的效果是显而易见的。世界许多国家特别重视对重大传染病防治、重大卫生事件处理机制等方面的投入，但是我国更加重视"治"方面的投入，因而公共卫生在疾病预防和保健方面的投入则明显不足。传染病、地方病的预防应是政府的公共卫生投入重点，用于各项卫生事业的费用则相应较高。然而，各类传染病的防治、基础卫生建设等本应由政府来承担的项目，政府明显缺位。由于疾病预防和妇幼保健机构经费在近10年来呈逐年下降趋势，这些部门必须依靠收费来维持本身的正常运转，这样的结果就是造成传染病和一些重大疾病没能得到有效的防治。

　　另外，在危机处理方面，我国还缺乏成熟的应对机制。我国在公共卫生危机处理机构设置上还比较落后，缺乏专门的应急机制，从事危机处理的专业人员也很匮乏，主要采取一些非常设机构安排和有关部门的临时指导的方式。从长期来看，这种机构设置和危机应对在危机发生时相关部门反应往往比较迟钝，在处理危机时效率低下。[①] 以2003年"非典"危机的应对为例，面对如此重大的疫情，我国的国情决定我们可以在最短的时间内，调动尽可能的人力（包括武警、军队）、物力和财力来应对危机。这种应对方式当然有其优势，但实际上是一种无奈之举，而且危机处理成本过高。

　　此外，我国的医学科研体系建设明显滞后于发达国家。"非典"在全国大范围暴发就是典型例子，"非典"暴发后，我国较早地投入对SARS病毒的研究，但研究成果却比发达国家出得晚，可见我国在医学研究方面的滞后。事实上有些病种也是我国特有的，例如，我国是肝病高发地区，这更加要求我国对于这些病毒的研究。然而，我国在医疗卫生方面的科技进步迟缓，基础医学研究更是蜗步难移，因此在我国时常暴发的传染病和地

---

　　① 阎坤，于树. 我国公共卫生支出项目结构失衡的主要表现 [J]. 经济研究参考，2005 (73)：49.

方病预防、治理效果不好。世界银行的报告显示，发达国家每年的医学科研经费占国家卫生总费用的 3% ~ 4%，而中国这一比例仅为0.5% ~ 1.0%，[①] 可见，加大我国医学科研经费，建设我国高水平医疗科研体系刻不容缓。

针对我国公共卫生投入项目之间不均衡的问题，我国政府应采取如下措施：一是更加重视对于疾病防御方面的投入，这种做法既可以预防重大公共卫生安全事故，又是一种减少公共卫生投入的有效方式；二是应增加公共卫生危机处理机制的投入，以建立一种良好、快捷、高效的公共卫生危机处理体制；三是增加公共卫生科研体系的投入，对我国公共卫生提供智力支持和技术保证。

第三节　强化公共卫生支出绩效的配套举措

在提高公共卫生服务的公平性和可及性的前提下，完善财政公共卫生支出的绩效评价体系，应该从以下几个方面做出努力：加强公共卫生的法律建设，从法律层面保障公共卫生政策的有效实施；加快搭建公共卫生网络信息平台，完善日常绩效考核的监督机制；提高商业健康保险的作用，减轻财政负担；增加卫生人才的培养，加强基层卫生人才队伍建设。

一、加强公共卫生法律建设

中华人民共和国成立以来，我国在公共卫生监督方面制定了很多相关

---

① 阎坤，于树. 我国公共卫生支出项目结构失衡的主要表现 ［J］. 经济研究参考，2005 (73)：49.

的行政法规和规章制度，在经常性及预防性卫生监督工作执行上取得了较好的成绩，已逐步建立起相对健全的一整套国家卫生管理法律体系。但是随着越来越多的公共卫生事件频发，凸显出我国在公共卫生某些方面的法律建设还相对欠缺。

首先，我国至今只制定了《公共场所卫生管理条例》，还没有制定《公共卫生法》，作为条例，在公共卫生的内容、标准等方面的规定还是比较欠缺的，因此，我们需加快制定《公共卫生法》的进度。公共卫生法律是多种法律法规的集合，涉及多种不同类型的部门。《公共卫生法》能明确其他相关法律在本法中的适用范围，能明确不同法律在涉及公共卫生方面的相互衔接。它将规定公共卫生的概念和范围，赋予相关执法部门更大的执法权力。全国人大应尽快修改和进一步完善《公共场所卫生管理条例》，相关部门也应相应地尽快制定实施细则，地方各级部门要以此为依据，制定适合本地实际情况的地方法律、法规、行政规章，给予当地更严格和合理的保护。①

其次，国家可制定《基本医疗保障法》或《基本医疗保障条例》，从法律层面明确要在公共医疗卫生服务领域贯彻普遍服务理念、维护生命健康、改善卫生民生、保障社会卫生安全与实现社会公平的基本原则，并建立起基本医疗保障的制度体系。在已执行的城镇职工基本医疗保险、城镇居民基本医疗保险、新型农村合作医疗保险等制度的基础上，通过制度的完善，将非公有制经济组织的从业人员、灵活就业人员、城镇居民、农民工乃至农村人口等都逐步纳入制度体系覆盖范围。对基本医疗保险的对象、保险基金的资金筹措与监管、医疗救助，以及基本医疗保障制度中的衔接等问题做出明确规定，促进农民工群体医疗保险关系转移接续办法的落实，提高群众在基层医疗机构就医的报销比例，使基本医疗保障制度在

---

① 杨小静. 完善公共卫生立法的探讨 [J]. 江苏卫生保健，2007 (2)：33-35.

充分体现普遍服务理念的同时，实现其在量与质上相统一的规定性。①

最后，健全我国的公共卫生应急法律体系。从总体上来讲，我国已构建了较为完善的公共卫生应急法律体系。但这一法律体系也存在一些问题，比如在防治和应对重大或紧急的公共卫生事件方面存在欠缺。国家应通过立法程序修改相应的法律法规，使其更为完备。

二、搭建公共卫生网络信息平台

要加快搭建公共卫生网络信息平台，完善日常绩效考核的监督机制。通过搭建公共卫生网络信息平台，将所有有关公共卫生服务的内容在平台上进行展示，所获取的数据也可以随取随用。搭建公共卫生网络信息平台，需做到三点：一是加速社区卫生服务信息化建设，对城乡个人的基本信息，健康体检情况，重点人群（婴幼儿、孕妇、慢性病患者）的健康管理信息及医护人员对其的随访记录、接会诊记录等信息进行采集、记录。服务对象在享受完相应的公共卫生服务后，可通过发放的服务卡，将有关服务情况的个人意见反馈到公共卫生网络信息平台，既起到了监督作用，同时也有助于相关主管部门开展绩效考核评价工作。二是在社区卫生服务信息化建设的基础上，应建立社区卫生服务网络体系，完善社区医疗服务功能。要建立覆盖城市居民的社区卫生服务网络体系，使社区卫生服务更好地发挥作用。卫生主管部门应根据所管辖区域提供的数据进行统计分析，进而制定科学的管理策略与方法。三是整合区域内的相关资源，使区域内信息共享。这样既有利于医务人员明白病人的既往病史，对症下药，又方便人民群众就医，做到明明白白看病，明明白白吃药。同时还有利于政府部门及时掌握各项真实数据，监督相关部门制定相应政策并对相关部

---

① 袁文全. 市场背景下公共医疗卫生服务的法律规制——以普遍服务理念为视角的分析 [J]. 法律科学，2011（1）：102-108.

门和人员进行绩效考核。

三、提高商业健康保险的作用

商业健康保险作为国民医疗体系的重要补充，不仅能保障保险人的合法权益，同时还可以减轻政府的经济压力。但目前我国的商业健康保险却处于尴尬的境地：一方面，随着基本医疗保障体系的逐步完善，近几年，我国的商业健康保险市场也在不断地发展壮大。据中国保监会公布的数据，商业健康保险总量从 1999 年的 36.54 亿元上升至 2011 年的 691.72 亿元，平均年增长率高达 32.54%。据人保健康总裁宋福兴预计，2020 年商业健康保险的保费有望达到 7000~10000 亿元。另一方面，商业健康保险在我国的医疗保障体系中发挥的作用并不大，只是作为社会基本医疗保险简单且有限的补充存在，并没有成为国家医疗保障体制中不可或缺的重要组成部分。应该设计科学合理的框架机制，提高商业健康保险在医疗保障体系中的地位，让保证社会医疗保险重点解决城乡居民的基本医疗保障问题，而城乡居民基本的医疗保障以外的需求则交由商业健康保险来解决。国家财政可在税收方面进行有效补充，即可支持商业保险的发展，同时还减轻了财政负担。国际上有很多国家就是采取政府主导基本医疗保障，管理服务由商业机构提供的模式，如美国的老年人和贫困人的医疗保险就是委托商业健康保险公司进行管理的。德国是这一模式的成功案例，我国可以模仿德国的做法，建立法定医疗保险为主，商业健康保险为辅的医疗保障体制。[①] 首先，根据收入划分人群。年收入达到一定水平（德国 2011 年规定，税前年收入 49500 欧元）以下的人员参加法定疾病保险，年收入超过该水平的可以自由选择私人疾病保险或法定疾病保险。特殊人员如警

---

① 林瑶珉. 商业健康险在多层次医疗保障体系中的定位和作用 [N]. 中国保险报，2015-01-21 (005).

察、士兵、服兵役者和没有收入来源的可以免费联保。其次，规定法定疾病保险和私人疾病保险的保费。由于政府不参与商业医疗保险的实施与管理，因此无权规定商业医疗保险费，均由各类保险机构自行确定。法定疾病保险主要为民众提供基本的社会医疗保障，保费的多少根据被保险人工资的百分比，与雇主共同承担。不过，法定保险机构并不是唯一或固定的，投保人可以自由选择法定保险机构。私人疾病保险的保费则是根据风险等价的原则收取，采用基金积累制。在这样的模式下，保证了人民基本权利的同时，各保险机构由于有了强烈的竞争，经营效率得到提高，控制医疗费用的主动性和积极性也得到增加。

四、增加卫生人才的培养

随着新医改的实施和新型农村合作医疗制度的全面覆盖，国民对医疗卫生服务的需求不断增长，对医疗保健服务水平的要求也不断提高。但是，我国对卫生人才的培养还相对不够，在一些贫困山区，我们依然能看到赤脚医生忙碌的身影，这从侧面反映了我国卫生人才匮乏的现状。因此，我国卫生人才培养应既注重量的增加，又注重质的提高。

首先，要加强对教学层面与教学内容的改革。在教学层面上，应注重医疗实践课程的编排，增加医学院学生的动手能力，还应根据所需要的不同层次的医疗卫生人才设置不同的课程；在教学内容上，应增加医疗卫生服务行业实践中的案例，增加人文科学和自然科学等方面的知识传授，避免医学教育中理论教育的枯燥无味，使教学内容丰富多彩。

其次，实现学制上层次化的卫生管理教育。通过学习借鉴外国的医疗卫生教育体系，在对学生所学的方向性如医疗保险、卫生政策等进行明确划分的基础上，将我国的医疗卫生教育分为应用型和研究型两种。其中，应用型再细分初级、中级和高级教育，研究型教育则在教学内容、教育方式、课程设置上进一步细分。以此增加人才的专业性、适应性，确保医学人才的质量。

再次，加强医疗卫生的师资建设。各大医学院校应与时俱进，应用"互联网+教育"新的技术手段，与世界先进大学的优秀师资合作，打破人才培养的时间、空间限制。

最后，加大财政对医疗卫生人才培养的支持。人才的培养最终应落到实处，一直以来，大学生就业选择的重心在大城市，下基层到农村就业少之又少，应该引导各省政府，依托各省高等医学院校，每年定向培养乡村医生，或定向培训医学本科生，毕业后分配到乡镇卫生院工作。对于这些定向培养生由省财政统筹安排，在学期间免除学费，免缴住宿费，并给予相应的生活补助费。毕业后，这些定向培养生应按规定服务一定的期限，在期限内不许调动，服务期满后可根据个人意愿进行调动升迁。只有这样，基层医疗卫生人才市场的需求才能得到真正满足。此外，为了提高基层医生的医疗服务水平，目前，已有一些省份出台相关文件，明确要求从2015年起，农村订单定向医学应届毕业生应接受住院医师规范化培训。这意味着，未来经过规范化培训，值得信赖的基层医生将越来越多。

有了数量匹配的优质卫生人才的保障，才能提供更高的公共卫生服务水平，从而提升公共卫生支出绩效。

参考文献

［1］安钢. 我国公共卫生支出效率评估及收敛性研究［J］. 统计与决策，2017（3）：138-141.

［2］安体富，任强. 中国公共服务均等化水平指标体系的构建——基于地区差别视角的量化分析［J］. 财贸经济，2008（6）：79-82.

［3］安秀梅，等. 政府绩效评估体系研究［M］. 北京：中国财政经济出版社，2009.

［4］蔡昉. 人口转变、人口红利与刘易斯转折点［J］. 经济研究，2010（4）：4-13.

［5］曹景林. 中国公共支出体制公平效应评价——基于官方统计数据的研究［D］. 天津财经大学博士学位论文，2008.

［6］陈昌盛，蔡跃洲. 中国政府公共服务：基本价值取向与综合绩效评估［J］. 财政研究，2007（6）：20-24.

［7］陈丽. 落实基本公共卫生服务均等化策略研究［D］. 华中科技大学博士学位论文，2012.

［8］陈丽，姚岚，舒展. 中国基本公共卫生服务均等化现状、问题及对策［J］. 中国公共卫生，2012（2）：206-209.

［9］陈长里. 人本、效率、公平——彼得德鲁克的管理伦理思想研究［D］. 湖南师范大学博士学位论文，2008.

［10］陈志兴，沈晓初，王萍，等. 评价医院经济效益的力点［J］. 中

华医院管理杂志，1994（12）：710-713.

[11] 程晋烽. 中国公共卫生支出的绩效管理研究 [M]. 北京：中国市场出版社，2010.

[12] 丛树海，李永友. 中国公共卫生支出综合评价及政策研究——基于1997~2002年数据的实证分析 [J]. 上海财经大学学报，2008（8）：53-60.

[13] 戴静，张建华. 解析我国财政卫生支出的不平等：基于回归的分解 [J]. 中国卫生经济，2012（9）：31-33.

[14] 戴维·柯狄，王宇. 关于公共卫生支出的历史变迁 [J]. 金融发展研究，2013（2）：80-82.

[15] 丁纯. 德国医疗保障制度：现状、问题与改革 [J]. 欧洲研究，2007（6）：106-120.

[16] 杜乐勋. 我国公共卫生投入及其绩效评价 [J]. 中国卫生经济，2005（11）：5-8.

[17] 杜乐勋，赵郁馨，中国卫生费用核算小组，等. 中国卫生总费用历史回顾和发展预测 [J]. 卫生软科学，2000（5）：202-213.

[18] 杜乐勋，赵郁馨. 中国行政区域间卫生总费用需求现状和政策分析 [J]. 卫生经济研究，2000（10）：10-12.

[19] 冯海波，陈旭佳. 公共医疗卫生支出财政均等化水平的实证考察——以广东省为样本的双变量泰尔指数分析 [J]. 财贸经济，2009（11）：49-53.

[20] 范柏乃，张电电. 医疗卫生财政支出对经济增长贡献的时空差异——基于1997-2012年30个省级地区面板数据分析 [J]. 华东经济管理，2014（5）：56-59.

[21] 龚向光，胡善联. 卫生资源配置的公平性分析 [J]. 中华医院管理杂志，2005（2）：73-77.

［22］郭平，刘乐帆，肖海翔. 内生增长模型下政府卫生支出对经济增长的贡献分析［J］. 统计与决策，2011（7）：94-97.

［23］郭永松. 卫生服务公平性——政府职能与作用研究［J］. 医学与哲学，2004（6）：10-12.

［24］韩华为，苗艳青. 地方政府卫生支出效率核算及影响因素实证研究——以中国31个省份面板数据为依据的 DEA-Tobit 分析［J］. 财经研究，2010（5）：4-15.

［25］韩莉. 我国医疗卫生资源配置研究［M］. 北京：中国社会科学出版社，2011.

［26］何长江. 政府公共卫生支出行为影响因素的实证分析［J］. 财经科学，2011（4）：94-100.

［27］胡善联. 卫生经济学［M］. 上海：复旦大学出版社，2003.

［28］华实. 中国政府公共卫生支出的现状及对策［J］. 经济研究导刊，2013（1）：22 -23.

［29］黄小平，方齐云. 中国财政对医疗卫生支持的区域差异［J］. 财政研究，2008（4）：41-45.

［30］侯文，任苒，宁岩，等. 数据包络分析在医院效率评价中的应用［J］. 中国卫生统计，2001，18（5）：279-280.

［31］黄云生. 财政支出绩效评价研究［J］. 天府新论，2008（6）：98-99.

［32］贾智莲，卢洪友. 财政分权与教育及民生类公共品供给的有效性——基于中国省级面板数据的实证分析［J］. 数量经济技术经济研究，2010，27（6）：139-150+161.

［33］金荣学，宋弦. 新医改背景下的我国公共医疗卫生支出绩效分析［J］. 财政研究，2012（9）：54-60.

［34］金文莉. 我国区域公共卫生资源布局均等化研究［J］. 郑州航空

工业管理学院学报，2010（5）：114-116.

[35] 晋继勇. 全球公共卫生治理中的国际机制分析 [D]. 复旦大学博士学位论文，2008.

[36] 荆丽梅，徐海霞，刘宝，胡善联. 国内公共卫生服务均等化的理论探讨及研究现状 [J]. 中国卫生政策研究，2009（6）：8-12.

[37] 兰相洁. 公共卫生支出与经济增长：理论阐释与空间计量经济分析 [J]. 经济与管理研究，2013（3）：39-45.

[38] 蓝英. 我国政府卫生支出与财政总支出之间的实证分析——基于协整模型 [J]. 卫生经济研究，2014（8）：41-45.

[39] 李闽榕. 公平与效率真的是"鱼与熊掌不可兼得"吗？——对一个西方经济学界人为制造的伪命题的剖析 [J]. 福建论坛（人文社会科学版），2005（7）：63-69.

[40] 李少军. 当代全球问题 [M]. 杭州：浙江人民出版社，2006.

[41] 李强谊，钟水映. 我国财政医疗卫生支出的空间差异及分布动态演进——基于 Dagum 基尼系数分解与 Kernel 密度估计的实证研究 [J]. 财经论丛，2016（10）：19-28.

[42] 李文中. 我国健康保障制度的公平与效率研究 [D]. 首都经济贸易大学博士学位论文，2011.

[43] 李顺平，孟庆跃. 卫生服务公平性及其影响因素研究综述 [J]. 中国卫生事业管理，2005（3）：132-134.

[44] 李夏影. 从我国公共卫生投入不平等现状看医改路径 [J]. 现代商贸工业，2010（22）：93-94.

[45] 李治. 财政对医疗卫生事业投入的研究综述 [J]. 财经政法资讯，2012（3）：63-68.

[46] 理查德·斯威德伯格. 经济学与社会学 [M]. 安佳，译. 北京：商务印书馆，2005.

［47］莉诺·奥斯特罗姆，拉里·施罗德，苏珊·温. 制度激励与可持续发展 ［M］. 陈幽泓，等译. 上海：上海三联书店，2000.

［48］李杰，姜潮，刘启贵，等. 数据包络分析（DEA）在医院效率评价中的应用 ［J］. 中国医院统计，2003，10（1）：43-45.

［49］李晓燕，谢长青，杨明洪. 新型农村合作医疗制度公平性研究——基于黑龙江省农村新型合作医疗试点县的实证分析 ［J］. 华南农业大学学报（社会科学版），2008（3）：9-15.

［50］李显文，高越明，章燕丽. 医疗机构数据包络分析中的指标选择 ［J］. 卫生经济研究，2009（2）：12-14.

［51］刘国祥，赵郁馨，杜乐勋，等. 中国卫生防疫站费用测算方法与测算结果研究 ［J］. 中国卫生经济，2001（5）：37-39.

［52］刘国祥，赵郁馨，杜乐勋，等. 中国卫生总费用分配流向测算报告 ［J］. 中国卫生经济，2001（2）：29-33.

［53］刘激扬. 公共卫生资源公平配置的伦理学研究 ［D］. 中南大学博士学位论文，2007.

［54］刘军. 对我国公共卫生支出结构缺陷的分析 ［J］. 当代经理人，2006（1）：133-134.

［55］刘昌吉，石静. 人口结构演变与政府卫生支出问题研究：基于动态面板数据的广义矩估计 ［J］. 中国卫生经济，2013（9）：5-8.

［56］刘苓玲，徐雷. 中国地区间财政医疗卫生支出差距的度量与分解：1997-2013 年 ［J］. 社会保障研究，2015（2）：154-165.

［57］刘叔申. 我国公共卫生支出的绩效评价 ［J］. 财贸经济，2007（6）：69-75.

［58］刘晓凤. 财政支出与社会公平：一个文献综述 ［J］. 行政事业资产与财务，2012（6）：33-35.

［59］刘晓凤. 医疗卫生支出与社会公平的动态相关性研究 ［J］. 湖北

经济学院学报，2010（1）：84-89.

[60] 刘晓凤，赵晓燕. 财政支出与社会公平的灰色关联分析 [J]. 晋中学院学报，2009（5）：54-59.

[61] 刘星，周旭东. 公共财政下公共卫生支出改革的基本思路 [J]. 中国卫生事业管理，2004（11）：644-649.

[62] 刘延伟，王健，孟庆跃. 基本公共卫生服务均等化差异性分析及其实现路径研究综述 [J]. 卫生软科学，2012（6）：503-505.

[63] 刘勇政，张坤. 我国公共卫生支出的经济增长效应实证分析 [J]. 北方经济，2007（12）：9-10.

[64] 梁学平. 基于灰色关联度的政府卫生支出规模影响因素的实证研究 [J]. 天津商业大学学报，2013（9）：23-28.

[65] 罗红雨. 我国省级财政卫生支出效率及影响因素实证分析 [J]. 中国卫生经济，2012（6）：13-15.

[66] 骆永民. 公共卫生支出、健康人力资本与经济增长 [J]. 南方经济，2011（4）：3-15.

[67] 马文飞，李翠平. 从均等化角度探析我国政府卫生支出结构问题 [J]. 商品与质量，2010（SA）：24.

[68] 曼昆. 经济学原理 [M]. 北京：北京大学出版社，2009.

[69] 毛晖，姬艳飞. 中国公共卫生财政投入状况分析 [J]. 山东经济，2008（2）：82-87.

[70] 那力，何志鹏，王彦志. WTO 与公共健康 [M]. 北京：清华大学出版社，2005.

[71] 彭莉，湛大顺，张翔. 我国东中西部卫生资源配置效率比较分析 [J]. 医学与社会，2018（10）：51-53.

[72] 上海财经大学课题组. 公共支出评价 [M]. 北京：经济科学出版社，2006.

[73] 舍曼·富兰德, 艾伦·C. 古德曼, 迈伦·斯坦诺. 卫生经济学 [M]. 王健, 孟庆跃, 译. 北京: 中国人民大学出版社, 2004.

[74] 沈楠. 从均等化视角探析公共卫生支出结构问题 [J]. 中国商界, 2008 (1): 98-99.

[75] 世界卫生组织. 2007 年世界卫生报告: 建构安全未来 [M]. 北京: 人民卫生出版社, 2007.

[76] 斯梅尔瑟, 斯威德伯格. 经济社会学手册 [M]. 罗教讲, 张永宏, 等译. 北京: 华夏出版社, 2009.

[77] 宋志华. 中国政府卫生支出的规模、结构与绩效研究 [D]. 东北大学博士学位论文, 2009.

[78] 苏海军. 我国公共卫生服务体系绩效评价指标体系研究 [D]. 华中科技大学博士学位论文, 2010.

[79] 苏海军, 姚岚. 美国公共卫生绩效评价的发展及经验启示 [J]. 中国卫生经济, 2010 (11): 76-77.

[80] 苏长河. 全球公共问题与国际合作: 一种制度的分析 [M]. 上海: 上海人民出版社, 2000.

[81] 孙菊. 中国卫生财政支出的健康绩效及其地区差异——基于省级面板数据的实证分析 [J]. 武汉大学学报 (哲学社会科学版), 2011 (6): 75-80.

[82] 谭永生. 中国卫生总费用存在的结构问题及其对经济增长的影响 [J]. 卫生经济研究, 2005 (6): 9-11.

[83] 田成诗. 中国卫生行业发展的社会经济影响因素——基于经济普查数据的分析 [J]. 统计与信息论坛, 2008 (6): 82-87.

[84] 涂正革, 谌仁俊. 传统方法测度的环境技术效率低估了环境治理效率? ——来自基于网络 DEA 的方向性环境距离函数方法分析中国工业省级面板数据的证据 [J]. 经济评论, 2013 (5): 89-99.

［85］涂正革，谌仁俊. 中国碳排放区域划分与减排路径——基于多指标面板数据的聚类分析［J］. 中国地质大学学报（社会科学版），2012（6）：7-13.

［86］万广华. 不平等的度量与分解［J］. 经济学（季刊），2008（1）：347-368.

［87］万生新. 基于数据包络分析的我国各地区公共卫生支出绩效评价［J］. 科学技术与工程，2012（10）：2391-2394.

［88］王宝顺，刘京焕. 中国地方公共卫生财政支出效率研究——基于 DEA-Malmquist 指数的实证分析［J］. 经济经纬，2011（6）：136-140.

［89］王根贤. 公共财政视角下的中国医疗卫生保障制度研究［M］. 成都：西南财经大学出版社，2008.

［90］王海军，金水高，刘丽华. 卫生服务绩效评价的概念框架研究与公共卫生应用［J］. 中国卫生经济，2008（7）：67-70.

［91］王俊. 政府卫生支出有效机制的研究——系统模型与经验分析［M］. 北京：中国财政经济出版社，2007.

［92］王俊，陈共. 中国公共卫生支出的内容和口径问题研究［J］. 财政研究，2007（8）：67-70.

［93］王俊，吴明. 卫生财政学［M］. 北京：北京大学出版社，2011.

［94］王丽颖. 基于公共品视角下的我国公共卫生支出研究［J］. 市场周刊（理论研究），2008（11）：77-78+53.

［95］文茂伟，倪冰校. 政府购买公共卫生服务的实践探索与优化建议——以重庆市为例［J］. 重庆行政，2015（10）：38-40.

［96］王晓洁. 中国公共卫生支出均等化水平的实证分析——基于地区差别视角的量化分析［J］. 财贸经济，2009（2）：46-49.

［97］王晓洁. 中国公共卫生支出理论与实证分析［M］. 北京：中国社会科学出版社，2011.

［98］王晓洁. 中国公共卫生支出政府间财政责任问题研究［J］. 河北学刊，2007（9）：193-196.

［99］王远林，宋旭光. 公共卫生投资与区域经济增长的实证研究［J］. 经济学家，2004（2）：51-56.

［100］吴成丕. 中国医疗保险制度改革中的公平性研究——以威海为例［J］. 经济研究，2003（6）：54-63.

［101］武剑，方芳. 我国公共医疗卫生支出绩效分析［J］. 开放导报，2007（2）：95-98.

［102］夏红. 闵行区基本公共卫生服务均等化的实践研究［D］. 上海交通大学硕士学位论文，2010.

［103］邢聪艳. 均等化视角下 FZ 市城市社区基本公共卫生服务建设与发展对策研究［D］. 福建医科大学硕士学位论文，2011.

［104］徐涛. 合理配置资源实现公共卫生服务均等化［J］. 中国财政，2010（2）：51-53.

［105］许慧. 政府卫生支出问题研究［M］. 北京：中国财政经济出版社，2010.

［106］许敏兰，罗建兵. 公共卫生支出公平性的实证分析——基于基尼系数和泰尔指数的视角［J］. 湖南商学院学报，2011（5）：39-45.

［107］许敏兰，沈时伯. 中国公共卫生支出评价分析：1978-2008［J］. 商业经济，2012（1）：20-22+28.

［108］许光建，魏义方. 政府卫生支出绩效评价研究——以北京市为例［J］. 经济理论与经济管理，2012（7）：65-76.

［109］颜建军，徐雷，谭伊舒. 我国公共卫生支出水平的空间格局及动态演变［J］. 经济地理，2017（17）：82-91.

［110］闫丽莎. 基于 DEA 的基本公共服务财政支出绩效评价研究［J］. 河北经贸大学学报（综合版），2011（1）：79-82.

[111] 阎坤，王进杰. 公共支出理论前沿 [M]. 北京：中国人民大学出版社，2004.

[112] 杨玲. 我国公共卫生支出问题研究 [J]. 华中农业大学学报（社会科学版），2010 (1)：99-103.

[113] 杨亮. 中国政府卫生支出的问题与对策——基于宏观和地区视角的量化分析 [D]. 武汉大学博士学位论文，2012.

[114] 杨宜勇，刘永涛. 我国省际公共卫生和基本医疗服务均等化问题研究 [J]. 经济与管理研究，2008 (5)：11-17.

[115] 叶颖. 地方基本医疗卫生领域财政支出的影响因素研究 [J]. 财经界，2012 (18)：10+12.

[116] 佘春华. DEA 方法应用于医院效率评价的研究进展 [J]. 医学与社会，2005 (10)：59-61.

[117] 于风华，孙经杰，刘瑾. 公共财政框架下基本公共卫生服务均等化探讨 [J]. 中国卫生经济，2009 (3)：101-102.

[118] 于贞杰. 公共卫生体系研究——功能、资源投入和交易成本 [M]. 北京：经济科学出版社，2009.

[119] 袁化新. 公共卫生支出绩效预算改革初探——以疾病预防控制支出为例 [J]. 财会研究，2009 (5)：6-8.

[120] 约翰·康芒斯. 制度经济学 [M]. 赵睿，译. 北京：华夏出版社，2009.

[121] 詹姆斯·Q. 威尔逊. 美国官僚政治 [M]. 张海涛，魏红伟，陈家林，等译. 北京：中国社会科学出版社，1995.

[122] 张磊. 我国地方公共卫生支出区域公平性实证研究 [J]. 重庆工商大学学报（西部论坛），2007 (8)：90-94.

[123] 张磊. 优化我国政府卫生支出体系策略研究——对新医改方案的分析与展望 [J]. 上海财经大学学报，2009 (3)：51-59.

［124］庄宁，孟庆跃，卡鹰，等. 利用 DEA 方法评价我国 34 家医院的技术效率 ［J］. 中国卫生经济，2000，19（9）：49-51.

［125］张宁，胡鞍钢，郑京海. 应用 DEA 方法评测中国各地区健康生产效率 ［J］. 经济研究，2006，41（7）：92-105.

［126］张荣林，钱雨，刘松松. 中国地方政府公共卫生支出行为实证分析 ［J］. 华东经济管理，2012（4）：131-135.

［127］张申杰. 我国公共卫生支出现状与相关公共需求的分析 ［J］. 重庆工商大学学报（社会科学版），2007（12）：48-51.

［128］张望. 财政支出结构、人力资本积累与经济增长 ［J］. 产业经济研究（双月刊），2011（2）：77-86.

［129］张毓敏，陶四海，赵郁馨. 国内外政府卫生支出口径的异同及结果分析 ［J］. 中国卫生经济，2006（3）：10-12.

［130］张艺缤. 科学发展观指导下效率与公平问题论析 ［D］. 上海大学博士学位论文，2011.

［131］张仲芳. 国内外政府卫生支出测算方法、口径及结果的比较研究 ［J］. 统计研究，2008（4）：16-19.

［132］赵建国，苗莉. 中国医疗卫生支出公平性的实证分析 ［J］. 财政研究，2008（7）：44-47.

［133］赵鹏飞. 公共卫生支出与国民健康及经济发展的关系研究——基于中国数据的实证分析 ［D］. 北京交通大学博士学位论文，2012.

［134］赵鹏飞，袁伦渠，赵云. 政府卫生支出经济效应的实证分析 ［J］. 生产力研究，2012（3）：110-111.

［135］赵艳，周长城. 构建和谐社会中存在的不和谐音——论健康不和谐及其表现 ［J］. 理论月刊，2006（1）：37-41.

［136］朱盛萍，刘小红，刘怡钰，陈永成. 江西省财政支持医疗卫生区域差异研究——基于泰尔指数研究 ［J］. 卫生经济研究，2017（1）：

14-17.

[137] 左娅佳, 毕兆荣. 医院病床利用的 DEA 分析 [J]. 中国医院管理, 2002, 22 (12): 27-28.

[138] 郑建, 管仲军. 我国公共卫生服务均等化研究现状 [J]. 中国卫生政策研究, 2012 (8): 62-66.

[139] 卓越. 政府绩效管理概论 [M]. 北京: 清华大学出版社, 2007.

[140] Achim Fock and Christine Wong. Extending Public Finance to Rual China [R]. Background for Presentations at the MOF world Bank International Seminar on Public Finance for Rural Areas, Beijing, 2005.

[141] Antonio Afonso and Miguel S. T. Aubyn. Non-parenetic Approaches to Education and Health Efficiency in OECD Countries [J]. Journal of Applied Economics, 2005 (6): 66.

[142] Bidani B. and Ravallion M. Decomposing Social Indicators Using Distributional Data [J]. Journal of Econometrics, 1997, 77 (1): 125-139.

[143] Cantarero D. Decentralization and Health Care Expenditure: the Spanish Case [J]. Applied Economics Letters, 2005 (12): 963-966.

[144] Cantarero D. and Lago Peìas S. The Determinants of Health Care Expenditure: A Reexamination [J]. Applied Economics Letters, 2010, 17 (7): 723-726.

[145] Castro-Leal F., J. Dayton, L. Demery and K. Mehra. Public Social Spending in Africa: Do the Poor Benefit? [J]. The World Bank Research Observer, 1999, 14 (1) 49-72.

[146] David Hauner, Annette Kyobe. Determinants of Government Efficiency [J]. World Development . 2010, 38 (11): 1527-1542.

[147] Deolalikar A. Govemment Health Spending in Indonesia: Impacts on Children in Different Economic Groups [M]. Baltimore: Johns Hopkins University

Press, 1995.

[148] Livio Di Matteo and Rosanna Di Matteo. Evidence on the Determinants of Canadian Provincial Government Health Expenditures: 1965 – 1991 [J]. Journal of Health Economics, 1998 (17): 211-228.

[149] Donabedian A. Evaluating the Quality of Medical Care [J]. Milbank Memorial Fund Quarterly, 1966, 44 (3): 166-206.

[150] Dreger, Christian, Reimers and Hans E. Health Care Expenditures in OECD Countries: A Panel Unit Root and Coiniegration Analysis [J]. International Journal of Applied Econometrics and Quantitative Studies, 2005, 2 (2): 679-695.

[151] Ferrie G. D. and V. Valdmanis. Rural Hospital Performance and Its Correlates [J]. Journal of Productivity Analysis, 1996, 7 (1): 63-80.

[152] Filmer Doen, Hammer Jeffery and Lant. Weak Link in the Chain: A Diagnosis of Health Policy In Poor Countries [J]. The World Bank Research Observer, 2000, 15 (2): 199-224.

[153] Gerdtham U. G. and M. Lothgren. On Stationarity and Cointegration of International Health Expenditure and GDP [J]. Journal of Health Economics, 2000, 19 (4): 461-475.

[154] Gerring J., Thacker S. C. and Enikolopovc R. Assessing Health System Performance: A Model-based Approach [J]. Social Seience & Medicine, 2013 (3): 34-36.

[155] Grossman. On the Concept of Health Capital and the Demand for Health [J]. Journal of Political Econom, 1972 (80): 223-255.

[156] Gupta S., Verhoeven M. and Tiongson E. Public Spending on Health Care and the Poor [J]. Health Economics, 2003, 12 (1): 685-696.

[157] Herwartz H. and Theilen B. The Determinants of Health Care Expenditure: Testing Pooling Restrictions in Small Samples [J]. Health Econom-

ics, 2003 (12): 113-124.

[158] Hitiris T. and Posnett. The Determinants and Effects of Health Expenditure in Developed Countrles [J]. Jorunal of Health Economics, 1992, 11 (2): 173-181.

[159] Ilona Kickbusch. Policy Innovation for Health [M]. Springer-Verlag: New York, 2010.

[160] Karatzas G. On the Determination of the US Aggregate Health Care Expenditure [J]. Applied Economics, 2000 (32): 1085-1099.

[161] L. Forsetlund and A. Bjorndal. The Potential for Research-based Information in Public Health: Identifying Unrecognized Information Needs [J]. BMC Public Health, 2001 (1): 1.

[162] Mohapatra S. and Mishra P. Composition of Public Expenditure on Health and Economic Growth: A Cointegration Analysis and Causality Testing [J]. IUP Journal of Public Finance, 2011, 9 (2): 30-43.

[163] Murthy N. and UkPolo. Aggregate Health Care Expenditure in the United States: Evidence from Coiniegration Tests [J]. Applied Economies, 1994, 26 (8): 797-802.

[164] Murthy V. N. R. and Okunade A. A. The Core Determinants of Health Expenditure in the African Context: Some Econometric Evidence for Policy [J]. Health Policy, 2009 (91): 57-62.

[165] Navarro V. Public-sector Health Spending May Aid Competitiveness [J]. Health Affairs (Project Hope), 1990 (2): 235-236.

[166] Newhouse and P Joseph. Medical Care Expenditure: A Cross-national Survey [J]. The Journal of Human Resources, 1977 (12): 115-125.

[167] Nyman J. A. and Bricker D. L. Profit Incentives and Technical Efficiency in the Production of Nursing Home Care [J]. The Review of Economics

and Statistics, 1989, 71 (4): 586-594.

[168] Robert Beaglehole and Mario R. Dal Poz. Public Health Workforce: Challenges and Policy Issues [J]. Human Resource for Health, 2003, 1 (1): 4.

[169] Scott A. Public Health Spending is Down [J]. New Zealand Medical Journal, 1993, 106 (956): 9.

[170] Sharon Hadad, Yossi Hadad and Tzahit Simon-Tuval. Determinants of Healthcare System's Efficiency in OECD Countries [J]. The European Journal of Health Economics, 2013 (2): 11-13.

[171] Sheila H. and Jie S. Health Care Systems in Transition: People's Republic of China Part I: An Overview of China's Health Care System [J]. Journal of Public Health Medicine, 1996 (18): 258-265.

[172] Sherman F., Allen C. and Miron S. The Economics of Health and Health Care [M]. London: Prentice Hall, 2003.

[173] Shiu Yung Ming and Chiu Mei Ching. Reestimating the Demographic Impact on Health Care Expenditure: Evidence from Taiwan [J]. The Geneva Papers, 2008 (33): 728-743.

[174] Valdmanis B. G., et al. Ownership and Technical Efficiency of Hospitals [J]. Medical Care, 1990, 28 (6): 552-561.

[175] Liu Liqun and William S. Neilson. Endogenous Private Health Investment and the Willingness to Pay for Public Health Projects: the Effects of Income [J]. Economics Letters, 2005, 87 (3): 415-420.

[176] Winslow C. The Untilled Fields of Public Health [J]. Science, 1920, 51 (1306): 23-33.

[177] Woolf, Steven H. Public Health Implications of Government Spending Reductions [J]. Journal of the American Medical Association, 2011, 305 (18): 1902-1903.

[178] Zweifel P. S. Felder and M. Meiers. Ageing of Population and Health Care Expenditure: A Red Herring? [J]. Health Economics, 1999 (8): 485-496.

后 记

时光如白驹过隙，回首写作过程，既有成功的喜悦，也有失败的沮丧。在本书即将付梓之际，有太多要感谢的人，有太多想感谢的话。

我的导师——王金秀教授，给予我最大的帮助。从社会学到财政学的跨越，是我学习最大的心理障碍，至今我都记得导师对我说的话："所有的学科都是相通的，博士的学习除了专业知识、计算方法之外，更重要的是理论与实际的结合。我们一直致力于将财政学与中国社会经济的实际问题相结合，去寻求解决现实问题的办法。在解决问题的过程中，验证理论，求得理论的创新。更为重要的是，通过调研、探讨和学习，去提升人生的境界。"

王国维在脍炙人口的《人间词话》中这样描述人生三大境界：第一境界是"昨夜西风凋碧树，独上高楼，望尽天涯路"（北宋晏殊《蝶恋花》）；第二境界是"衣带渐宽终不悔，为伊消得人憔悴"（北宋柳永《蝶恋花》）；第三境界是"众里寻他千百度。蓦然回首，那人却在，灯火阑珊处"（南宋辛弃疾《青玉案》）。导师的辅导如水般滋润万物，其孜孜不倦的求学精神和无私奉献的育人品德，将影响我一生。

感谢中南财经政法大学所有教导过我、关心过我的老师。他们是财税学院的杨灿明校长、陈志勇院长、侯石安教授、刘京焕教授、庞凤喜教授、艾华教授、甘行琼教授、李祥云教授、孙群力教授、胡洪曙教授等，你们对研究工作的严谨态度和一丝不苟的精神，令我深深敬佩。

感谢师姐杨芷晴，师妹李琳和许悦，感谢华中师范大学的湛仁俊，感谢你们在学术上对我的无私帮助。感谢曾和我一起奋战的博士班的朋友们，王金兰、管彦庆、刘大帅、魏萍、侯晓、张丽微、余萍等，感谢你们和我一起分享学习与生活中遇到的困难与快乐。同窗之谊，是我人生的财富，伴我终生！

感谢在我求学和工作期间各位领导和老师对我多年来的培养、帮助与支持，你们如明灯，照耀我前行的道路，在我不同的旅程中指引着我。

最后，我要感谢我的父母。在我读博与工作期间，是你们在背后默默地支持我，帮我带小孩，料理家务。"养儿更知父母恩"，在此，衷心地感谢你们的养育之恩。愿你们永远健康、快乐！

江 鸿

2021 年 10 月